D1662362

DAS TAO DER POLITIK

Thomas Cleary (Hrsg.)

DAS TAO DER POLITIK

Leitlinien für eine neue
politische Kultur –
das klassische Lehrbuch
aus dem alten China

O. W. Barth Verlag

1. Auflage 1991
Einzig berechtigte Übersetzung aus
dem Amerikanischen unter Heranziehung des
chinesischen Originals von Ingrid Fischer-Schreiber.
Redaktion: Adrian Leser.
Copyright © 1990 by Thomas Cleary.
Titel der Originalausgabe: «The Tao of Politics».
Published by arrangement with Shambhala Publications, Inc.,
P.O. Box 308, Boston, MA. 02117.
Gesamtdeutsche Rechte beim Scherz Verlag, Bern,
München, Wien, für den Otto Wilhelm Barth Verlag.
Alle Rechte der Verbreitung, auch durch Funk, Fernsehen,
fotomechanische Wiedergabe jeder Art sowie
durch auszugsweisen Nachdruck, sind vorbehalten.
Schutzumschlag von Zembsch Werkstatt

Inhalt

Vorbemerkung zur deutschen Übersetzung

Das «Tao» ist undefinierbar, da es sich aller Eingrenzung entzieht. Die wörtliche Übersetzung des Schriftzeichens *tao* ist «der Weg». Da Tao letztlich unübersetzbar ist, wird der Begriff in dieser Übersetzung häufig unübersetzt verwendet; da Tao aber im Chinesischen häufig als der «Weg» – im übertragenen Sinne – gebraucht wird, verwendet diese Übersetzung an entsprechenden Stellen die Schreibweise WEG.

Wer mit der Bedeutung des Begriffes Tao (WEG) noch nicht vertraut ist, der mag, wo er auftaucht, versuchsweise «das Absolute», «die Letzte Wirklichkeit», «die Wahrheit», die «Große Ordnung des Universums» einsetzen – wenn er dabei im Gedächtnis behält, was Laozi über das Tao sagt: «Das Tao, das sich aussprechen läßt, ist nicht das ewige Tao.»

In der vorliegenden Übersetzung, wird die moderne Pinyin-Umschrift des Chinesischen verwendet. Nur das Wort Tao wird in der älteren Wade-Giles-Umschrift verwendet, da es in dieser Form bereits Eingang in den deutschen Wortschatz und damit in den Duden gefunden hat; die Schreibung nach dem Pinyin-System wäre Dao, und die Aussprache mit einem «D» entspricht der chinesischen.

Da vielen Lesern die Pinyin-Umschrift noch ungewohnt, die Wade-Giles-Umschrift aber vertraut ist, wurde letztere beim ersten Auftauchen wichtiger chinesischer Begriffe in Klammern hinzugefügt.

Einführung des Herausgebers

Dieses Buch besteht aus einer Sammlung von Auszügen aus dem *Huainanzi (Huai-nan-tzu)*, den «Meistern von Huainan», einem frühen taoistischen Klassiker, der die alte Tradition eines Laozi (Lao-tzu) und Zhuangzi (Chuang-tzu) fortsetzt. Das *Huainanzi,* das vor über zweitausend Jahren verfaßt wurde, ist eines der ältesten und berühmtesten Werke taoistischer Philosophie.

Das Buch der Meister von Huainan enthält Aussprüche über Zivilisation, Kultur und Regierungskunst. Seine Aussagen sind deutlicher und klarer als die seiner beiden großen Vorläufer, nämlich Laozis *Daodejing (Tao-te-ching)* und des *Zhuangzi,* und umfaßt das ganze Spektrum der Natur- und Sozialwissenschaften sowie der spirituellen Lehren des klassischen Taoismus. Es verbindet Fragen der Landwirtschaft und Ökologie, des persönlichen Wachstums und der soziopolitischen Entwicklung zu einer umfassenden Vision des menschlichen Lebens.

Der Ursprung des Buches der Meister von Huainan läßt sich bis zu einem inneren Zirkel taoistischer Weisen zurückverfolgen, die am Hofe des Königs von Huainan wirkten, welcher im zweiten Jahrhundert vor unserer Zeitrechnung über ein kleines Fürstentum innerhalb des ausgedehnten chinesischen Reiches der Han-Dynastie herrschte. Der König von Huainan war ein herausragender Förderer der Gelehrsamkeit, und sein Hof war bereits ein blühendes kulturelles Zentrum, als die Gruppe der acht taoistischen Meister mit ihren Lehren auftrat.

Obwohl die Vorstellungen der Meister von Huainan auf den berühmten taoistischen Klassikern des Laozi und Zhuangzi beruhen, unterscheiden sie sich in einem wichtigen Punkt: Die Werke von Laozi und Zhuangzi sind das Produkt der Zeit der Streitenden Reiche, und ihre Haltung, was die Verwicklung in weltliche Angelegenheiten betrifft, spiegelt den Verfall und die Unruhe jener Periode der chinesischen Geschichte wider. Die Meister von Huainan hingegen lebten in einer Zeit des nationalen Wiederaufbaus, die auf das Ende jahrhundertelanger Bürgerkriege folgte; ihre Lehren sind daher positiver und konstruktiver als die jener Taoisten, die in Kriegszeiten wirkten.

Die Auszüge aus dem Buch der Meister von Huainan, die hier übersetzt sind, konzentrieren sich auf die wesentlichen Prinzipien ihrer Lehren. Wie auch die anderen taoistischen Klassiker dienen diese Schriften der Kontemplation und wollen nicht belehren; daher folgen sie auch keinem starren dogmatischen Schema. Um sie einer modernen Leserschaft leichter zugänglich zu machen, wurden die Auszüge in vier Kapitel unterteilt: Staat und Gesellschaft, Krieg, Frieden und Weisheit. Da es sich um taoistische Lehren handelt, sind diese vier Gruppen meditativer Texte eng miteinander verbunden wie die vier Jahreszeiten im Jahreskreislauf.

Die Lehren der Meister von Huainan über die Kunst des Regierens setzen sich mit einer Vielfalt von Elementen auseinander, die das Gefüge eines Staates und seiner Gesellschaft bilden, und umfassen Bereiche wie staatliche Organisation und menschliche Beziehungen, Wirtschaft, Erziehung, Kultur, Sitten und Gebräuche, Industrie und Landwirtschaft. Die Meister treten für eine pluralistische und doch egalitäre Gesellschaft ein, in der das Eingreifen seitens der Regierung auf ein Minimum beschränkt bleibt und die dem Individuum ein Maximum an freier Entfaltung ermöglicht. Sie treten auch für eine bewußte Balance zwischen der Welt des Menschen und seiner natürlichen Umgebung ein. Dies ist ihnen so wichtig, daß sie dieses Gleichgewicht selbst als göttlich bezeichnen.

Eine anschauliche Illustration der Ideale dieser Gelehrtengruppe bietet ihr Vergleich zwischen dem, was sie als sich weiterentwickelnde, evolutionäre Gesellschaft ansieht, und dem, was sie als entartete, dekadente Gesellschaft einstuft. Diese Darstellungen symbolisieren auch die verschiedenen Phasen in der Entwicklung des menschlichen Bewußtseins. Die Meister von Huainan sprechen von einer gesunden Gesellschaft, wenn Gleichgewicht und Harmonie zwischen allen Ebenen des Seins bestehen, angefangen von der Art und Weise, wie die individuelle menschliche Ganzheit von Körper und Geist sich selbst erfährt, bis hin zu dem, wie sie die Interaktion mit ihrem natürlichen und sozialen Umfeld erlebt.

Auf der anderen Seite zeichnet sich eine degenerierte Gesellschaft durch eine Überbetonung einzelner menschlicher Fähigkeiten sowohl im individuellen als auch im kollektiven Leben aus, was in der Folge andere Talente verkümmern läßt. Die Meister von Huainan betrachten dieses Phänomen vom Standpunkt von Ursache und Wirkung, welche wiederum darauf hinweisen, welche Gegenursache und Gegenwirkung zur Befreiung zu führen vermögen.

Die beiden Faktoren in der menschlichen Psyche, die die Meister von Huainan als die zerstörerischsten bezeichnen, sind Habgier und Aggression. Sie gehen Hand in Hand mit Angst und Blindheit, und alle zusammen lassen Konflikte und Gewalt aufkommen. Der Krieg ist eines der paradoxen Symbole im frühen Taoismus: Er steht für den Höhepunkt von Konflikt und Gewalt, stellt aber gleichzeitig auch eine Möglichkeit dar, Konflikte und Gewalt zu beenden, und wird so zum Symbol für Selbstreinigung.

Jeder der taoistischen Klassiker enthält Lehren über die Ursachen und Auswirkungen eines Krieges; das Buch der Meister von Huainan behandelt diesen Aspekt am umfassendsten und genauesten von allen. Es enthält die wesentlichsten Gedanken des *Yijing (I Ging)*, des *Daodejing* von Laozi und des *Zhuangzi* sowie des Klassikers von Sunzi (Sun-tzu) über Strategie und Taktik, die «Kunst des Krieges». Diese Lehren haben alle eine konkrete Bedeutung, was die Interaktion zwischen Gruppen betrifft, und eine symbolische Bedeutung, was die Beziehung des einzelnen zu sich selbst betrifft.

In erster Linie beschäftigen sich die Meister von Huainan in ihren Aphorismen über den Krieg mit logischer Ethik. Sie behandeln aber auch umfassendere Fragen der soziopolitischen Moral und ihrer Beziehung zu Konflikt und Versöhnung. So geht die Definition ihrer Auffassungen von gerechten und ungerechten Kriegen Hand in Hand mit ihrem Vergleich zwischen fortschrittlichen und repressiven Gesellschaften und zwischen ausgewogenen und überspannten Persönlichkeiten. Harmonie zwischen Menschen und Völkern kann ihrer Auffassung nach nur dann entstehen, wenn Harmonie im Inneren des Selbst und Harmonie des Menschen mit der Natur herrscht.

Bei den Lehren der Meister von Huainan über Harmonie und Frieden geht es um die Grundinteressen des einzelnen Menschen – jener Einheit, die der Familie, der Gesellschaft und dem Staat zugrunde liegt. Auch wenn die Vertreter des frühen Taoismus davon ausgingen, daß der ursprüngliche, natürliche Zustand des Individuums Harmonie mit dem Universum ist, waren sie doch der Meinung, daß es dem Durchschnittsmenschen bereits nicht mehr möglich sei, diese Harmonie ohne Rückgriff auf besondere Hilfsmittel zu verwirklichen. Die Lehren der Meister von Huainan über den Frieden enthalten bereits jene Elemente, die später die Grundlage der «Wissenschaft der Essenz und des Lebens» oder der «spirituellen Alchemie» bilden sollten. Dies ist die innere Lehre des Taoismus über die Pflege der «Drei Schätze», nämlich von Lebenskraft, Energie und Geist.

Die Meister stellen eine Vielfalt von Techniken vor, die diesen Prozeß unterstützen, angefangen von Methoden des Zeitmanagements, des Umgangs mit unseren inneren Ressourcen und des Festsetzens von Prioritäten bis hin zu Verfahren zum Erlangen von tiefer geistiger Ruhe und Frieden. Mit Hilfe dieser taoistischen Lebenskünste soll im Laufe der Entwicklung des Individuums eine Umwandlung herbeigeführt werden, die, wie es in den Klassikern heißt, den Vollkommenen Menschen hervorbringt – ein wahrhaft menschliches Wesen, den Weisen.

Die Auszüge aus den Lehren der Meister von Huainan, die den letzten Abschnitt dieses Buches bilden, behandeln das innere und äußere Leben eines taoistischen Weisen, die Methoden und Ziele taoistischer Weisheit. In diesen Aussprüchen legen die Meister von Huainan dar, wie die alten taoistischen Erleuchteten ihr Wissen erlangten, wie sie ihr Wohlbefinden aufrechterhielten und ihre Freiheit verwirklichten.

Über Staat und Gesellschaft

Von wirklich großen Führern auf ihrem Gebiet
weiß man nur, daß sie existieren.
Die nächstbesten werden geliebt und gepriesen.
Die weniger guten werden gefürchtet und verachtet.

Laozi, *Daodejing*

Ist die Gesellschaft wohlgeordnet, dann kann ein Tor allein sie nicht stören; herrscht Chaos in einer Gesellschaft, dann kann ein Weiser allein sie nicht ordnen.

Wirft man dem Tao vor, es funktioniere nicht, während wir in einer verschmutzten Welt leben, so ist es, als würde man ein Einhorn von zwei Seiten her festbinden und gleichzeitig von ihm erwarten, daß es tausend Meilen weit läuft.

Setze einen Affen in einen Käfig, und er wird sich wie ein Schwein verhalten, aber nicht, weil er nicht klug und flink wäre, sondern weil er keinen Raum hat, seine Fähigkeiten frei zu entfalten.

Selbst weise Führer müssen die geeigneten Umstände abwarten. Geeignete Umstände findest du nur zur rechten Zeit; du kannst sie nicht verwirklichen, nur indem du sie mit deinem Wissen suchst.

Der Weise verläßt den Pfad und findet den WEG (Tao); der Narr hält am WEG fest und kommt vom Pfad ab.

Die grundlegende Aufgabe der Regierenden besteht darin, dem Volk Sicherheit zu geben. Die Sicherheit des Volkes basiert auf der Befriedigung von dessen Bedürfnissen. Will man die Bedürfnisse des Volkes befriedigen, so darf man es nicht seiner Zeit berauben. Will man das Volk nicht seiner Zeit berauben, so müssen die von der Regierung erhobenen Steuern und ihre Ausgaben auf ein Minimum beschränkt bleiben. Will man die von der Regierung erhobenen Steuern und die Ausgaben auf ein Minimum beschränken, so muß dies darauf gründen, daß man sich in seinen Wünschen mäßigt. Grundlage der Mäßigung der eigenen Wünsche ist, daß man zur wahren Natur zurückfindet. Will man zu seiner wahren Natur zurückfinden, so muß man die Last der Verkrustungen abschütteln.

Schüttle die Last der Verkrustungen ab, und Offenheit ist da. Offen zu sein heißt Gleichmut zu üben. Gleichmut ist ein grundlegendes Element des Tao; Offenheit ist die Heimstatt des Tao.

Wer qualifiziert ist zum Führer, der muß sich mit Siegern umgeben können. Wer den Sieg über den Gegner davontragen kann, muß stark sein. Wer stark sein kann, ist imstande, sich die Macht anderer Menschen zunutze zu machen. Will man sich die Macht anderer Menschen zunutze machen, muß man zuerst die Herzen der Menschen gewinnen. Will man die Herzen der Menschen gewinnen, muß man Meister über sich selbst sein. Will man Meister über sich selbst werden, muß man biegsam sein.

In früheren Zeiten wurden Herrscher nicht zur Befriedigung von deren eigenen Begierden eingesetzt; wenn Weise niedrige Positionen bevorzugten, dann nicht etwa, weil sie die Dinge auf die leichte Schulter nehmen wollten.

Führer wurden eingesetzt, weil die Starken die Schwachen unterdrückten, weil die, die in der Mehrzahl waren, den zahlenmäßig Unterlegenen Gewalt antaten und die Schlauen die Einfältigen betrogen. Führer wurden eingesetzt, weil die Kühnen die

Schüchternen angriffen, weil die Menschen ihr Wissen für sich behielten und es nicht weitergaben und die Leute Reichtümer anhäuften, ohne sie mit anderen zu teilen. Ein Führer wurde also eingesetzt, um die Menschen einander gleichzustellen und sie zu einen.

Für Weise ist kein Berg zu hoch und kein Fluß zu breit, wenn sie die Peinlichkeit und Schande auf sich nehmen, sich mit politischen Führern einzulassen. Sie tun dies nicht, weil sie nach zusätzlichen Einkünften oder einer höheren Stellung begehren; sie tun es, weil sie den Interessen der Welt dienen und das ausmerzen wollen, was den Menschen schadet.

Überlieferungen über die weisen Könige früherer Zeiten, wie sie in den alten Dokumenten niedergeschrieben sind, berichten, daß Shennong ausgemergelt, Shun sonnenverbrannt und Yu voller Schwielen war. Wenn wir diese erleuchteten Führer alter Zeiten betrachten, erkennen wir, daß Weise sich sehr wohl um das gewöhnliche Volk sorgen und sich seinetwegen abmühen.

Wenn Menschen überhaupt von den Regierenden beeinflußt werden, dann folgen sie dem, was die Regierenden tun, nicht dem, was die Regierenden sagen.

Wenn Gesetze ausgearbeitet und ein System von Belohnungen eingeführt werden, und sich die Sitten der Menschen trotzdem nicht ändern, dann deshalb, weil dies nicht ohne Aufrichtigkeit funktionieren kann.

Spirituelle Führerschaft ist die vortrefflichste Führerschaft. Die nächstbeste besteht darin, es den Menschen unmöglich zu machen, Fehler zu begehen. An dritter Stelle kommt jene Führerschaft, die das Würdige belohnt und das Zerstörerische bestraft.

So wie eine Waage insofern gerecht ist, als sie Dinge unvoreingenommen wiegt, so wie ein Senkblei insofern korrekt ist, als es senkrechte Linien unvoreingenommen festlegt, so kann ein Herrscher befehlen, wenn er das Gesetz anwendet, ohne sich durch persönliche Vorlieben und Abneigungen leiten zu lassen.

Was einschränkt und straft, ist das Gesetz. Wenn Menschen bestraft wurden und trotzdem keinen Groll hegen, so spricht man vom Tao. Herrscht das Tao vor, brauchen die Menschen keine Politik.

In alten Zeiten gelang es jenen, die es verstanden, geschickt zu belohnen, die Menschen mit geringem Aufwand zu motivieren. Jene, die es verstanden, geschickt zu strafen, verhinderten Verrat auch durch minimale Sanktionen. Jene, die es verstanden, geschickt zu geben, verzeichneten nur niedrige Ausgaben und waren doch wohltätig. Jene, die es verstanden, geschickt zu nehmen, verfügten über ein hohes Einkommen, und doch nahm ihnen dies niemand übel.

Strafen und Belohnungen allein können Gewohnheiten nicht verändern; Hinrichtungen und Blutbäder allein können Verrat nicht verhindern. Nur geistiger Einfluß ist von Wert.

Strenge Gesetze und harte Strafen sind nicht das Werk wahrhaft herrschender Könige.

In alten Zeiten, unter weiser Herrschaft, waren die Gesetze liberal und die Strafen mild. Die Gefängnisse waren leer, alle befolgten die gleichen Sitten, und niemand beging Verrat.

Später hat sich der Regierungsstil gewandelt. Jene in gehobenen Stellungen waren über alle Maßen habgierig, während jene in niedrigen Stellungen geizig und rücksichtslos waren. Das gemeine Volk lebte in Armut und Elend, und die Menschen bekämpften einander. Sie arbeiteten hart, ohne aber irgend etwas zu erreichen. Schlaue Betrüger traten auf den Plan, und es gab immer mehr Diebe und Räuber.

Zwischen Vorgesetzten und Untergebenen herrschte Unmut, Anweisungen wurden nicht ausgeführt, und die Beamten der Regierung strebten nicht danach, auf den WEG zurückzufinden. Sie gaben sich mit Nebensächlichem ab und vernachlässigten das Grundlegende; sie kürzten die Belohnungen und verschärften die Strafen. Während sie versuchten, so zu regieren, nahm die Unordnung ständig zu.

Viele Intellektuelle in der Gesellschaft haben sich von den Wurzeln des Tao und seiner Kraft entfernt; sie glauben, gute Umgangsformen und Pflichterfüllung seien genug, um die Welt regieren zu können. Es ist nicht möglich, mit ihnen über die Kunst des Führens zu reden.

Wenn Herrscher besonders listig sind, dann sind ihre Untergebenen besonders verschlagen. Wenn Herrscher vielen Leidenschaften und Interessen frönen, dann verstellen sich die Untertanen. Wenn Herrscher beunruhigt sind, dann fühlen sich ihre Untergebenen unsicher. Wenn Herrscher hohe Ansprüche stellen, dann sind ihre Untergebenen streitsüchtig. Wenn du dieses Übel nicht an den Wurzeln packst, sondern dich mit den Zweigen abgibst, ist es, als würdest du Staub aufwirbeln, wenn du einen Raum reinigen willst. Es ist, als würdest du ein Bündel Reisig tragen, wenn du ein Feuer löschen willst.

Daher halten sich die Geschäfte der Weisen in Grenzen und sind leicht zu handhaben; die Weisen brauchen nur wenig und sind leicht zufriedenzustellen. Sie sind gütig, ohne es darauf anzulegen; sie genießen Vertrauen, ohne daß sie sprechen müßten; sie gewinnen, ohne zu suchen; sie sind erfolgreich, ohne danach zu streben. Sie nehmen nichts als die Wirklichkeit wahr, sie leben in der Tugend und legen Aufrichtigkeit an den Tag. Jeder folgt ihnen, wie das Echo einem Ton folgt, wie die Widerspiegelung einer Form entspricht. Was sie kultivieren, ist die Wurzel aller Dinge.

Wenn politische Führer ihren Staat in den Ruin stürzen und das Land zugrunde richten, wenn sie selbst durch fremde Hand sterben und sich zum Gespött der ganzen Welt machen, dann ist es einzig und allein ihrer eigenen Habgier zuzuschreiben.

In alten Zeiten benötigten die Regierungen wenig, und das Volk hatte genug. Die Herrscher waren wohlwollend und ihre Minister loyal. Die Eltern waren gütig, und die Kinder gehorchten. Jeder handelte aus Liebe, und zwischen den Menschen herrschte kein Groll.

Im Falle eines Krieges wurden in früheren Zeiten die Jungen nicht getötet und die Alten nicht gefangengesetzt, aber was früher als gerecht angesehen wurde, gilt nun als lächerlich. Was früher als Ehre angesehen wurde, gilt nun als Schande. Was in alten Zeiten für Ordnung sorgte, bringt heutzutage Chaos hervor.

In der Vergangenheit konnten die Anführer von Belohnung und Strafe absehen, und doch beging niemand ein Unrecht. Aber jene, die heutzutage an die Macht kommen, sind unfähig, auf Gesetze zu verzichten, um ihr Volk zu regieren. Ein Führer unterwarf seinerzeit aufständische Stämme, indem er nichts anderes tat, als einen Kriegstanz aufzuführen; aber jene, die heute Polizeiaktionen durchführen, können die Starken und Gewalttätigen nicht ohne den Einsatz von Waffen unter Kontrolle bringen.

In der Zeitspanne eines Menschenlebens mag das Zivile und das Kriegerische seine relative Bedeutung insofern verlagern, als es Zeiten gibt, in denen einmal das eine und einmal das andere nützlich ist. Heutzutage jedoch lehnen die Militärs alles Zivile ab, und die zivilen Beamten lehnen alles Kriegerische ab. Die Anhänger der zivilen und der kriegerischen Künste lehnen einander ab, ohne ihre jeweilige Funktion je nach den Umständen zu erkennen.

Die gewöhnlichen menschlichen Fähigkeiten sind nicht so umfassend, daß man sich allein auf sie verlassen könnte; die Künste des WEGES müssen deshalb in der Öffentlichkeit verwirklicht werden. Die Gesetze einer falsch funktionierenden Gesellschaft setzen hohe Maßstäbe und bestrafen all jene, die ihnen nicht entsprechen können; sie bürden dem einzelnen eine schwere Verantwortung auf und bestrafen all jene, die unter der Last dieser Verantwortung zusammenbrechen; sie verwandeln Schwierigkeiten in Gefahren und exekutieren all jene, die diesen Gefahren nicht gewachsen sind.

Wenn das Volk einer solchen Belastung ausgesetzt ist, dann greift es auf List und Schläue zurück, um seine Herrscher zu täuschen, und wird unaufrichtig, in der Hoffnung, entfliehen zu können. Dann können selbst die strengsten Gesetze und härtesten Strafen ein niederträchtiges Handeln nicht vermeiden, da sie nicht über genügend Macht verfügen. Daher lautet ein Sprichwort: «Wenn Vögel in die Enge getrieben werden, dann picken sie; wenn das Vieh in die Enge getrieben wird, dann stößt es mit den Hörnern; und wenn Menschen in die Enge getrieben werden, dann greifen sie zu Mitteln wie Betrug und Gaunerei.»

Erleuchtete Menschen sind fähig, Herrscher zu kritisieren, wenn sie einen Fehler entdecken, denn sie kümmern sich nicht um Repressalien. Sie sind imstande, den Weisen Ehrerbietung entgegenzubringen, wenn sie sie treffen, denn sie machen sich keine Gedanken über ihre gesellschaftliche Stellung. Sie sind willens, den Bedürftigen zu geben, denn sie sorgen sich nicht, daß sie selbst arm werden könnten.

Menschen in ehrenvollen Stellungen werden dann Ehrenmänner genannt, wenn sie unvoreingenommen und unpersönlich handeln. Darum nennt man sie Ehrenmänner, aber man bezeichnet sie deshalb noch lange nicht als Weise. Jene, die im Besitz des Landes sind, nennt man fair, wenn sie nach feststehenden Normen handeln und keine verborgenen Absichten hegen. Darum nennt man sie fair, aber man bezeichnet sie deshalb noch lange nicht als klug.

Legen die Regierenden kein brutales Verhalten an den Tag, das ihnen das gemeine Volk entfremden könnte, und versuchen sie nicht, sich durch intellektuelles Gehabe hervorzutun, was bei anderen Führern Irritation hervorrufen könnte, dann nimmt das Leben nach den Sitten aller Klassen ungebrochen seinen Lauf. So wissen die Kritiker nicht, wo sie einhaken sollen, und sie sehen nichts, worüber sie sich auslassen könnten. Dies heißt sich in der Formlosigkeit verbergen. Wer könnte Meisterschaft über die Form erlangen, der sich nicht in der Formlosigkeit zu verbergen wüßte?

Heutzutage verbieten die Sittenprediger das, was Gegenstand der Begierde ist, ohne aber zu ergründen, was die eigentliche Ursache der Begierde darstellt. Sie verbieten das, woran man sich erfreut, ohne aber zu ergründen, was die eigentliche Ursache der Freude darstellt. Es ist, als wollte man einen Fluß mit bloßen Händen eindämmen.

Die Sittenprediger können die Menschen nicht dazu bewegen, nicht zu begehren, aber sie können das verbieten, was die Menschen begehren; sie können die Menschen nicht dazu bewegen, sich an nichts zu erfreuen, aber sie können das unterbinden, woran sich die Menschen erfreuen. Die Angst vor Bestrafung mag die Menschen so sehr einschüchtern, daß sie es nicht mehr wagen zu stehlen, doch wie könnte man dies damit vergleichen, wenn es gelänge, die Menschen von ihrem Wunsch zu stehlen zu befreien?

Die Kunst des Regierens, wie vollkommene Menschen sie beherrschen, verschleiert ihre geistige Überlegenheit, unterbindet jedes Gepränge und setzt Wirklichkeit an die Stelle von intellektuellem Wissen. Sie entspringt der Unvoreingenommenheit gegenüber allen Menschen, sie entledigt sich aller verführerischen Sehnsüchte, schaltet alle gewohnheitsmäßigen Begierden aus und vermindert ängstliche Gedanken.

Der Grund dafür, daß Menschen Verbrechen begehen, die sie ins Gefängnis bringen, der Grund dafür, daß Menschen in Schwierigkeiten geraten, die ihnen schließlich das Leben kosten, liegt in ihrer Unersättlichkeit und im Mangel an Mitteln.

Jeder weiß, daß es für Missetäter keinen Ausweg gibt und daß Verbrecher nicht ungeschoren davonkommen; und doch ist der Unverständige nicht in der Lage, seine Begierden zu überwinden, und begeht daher Verbrechen, die seinen eigenen Untergang herbeiführen.

Die Welt kann nur jenen anvertraut werden, die fähig sind, ihrem Land nicht durch ihr Streben nach Weltgeltung Schaden zuzufügen, und die es verstehen, sich nicht selbst durch ihren nationalen Ehrgeiz zu ruinieren.

Wer die Quelle von Recht und Ordnung kennt, wandelt sich, um sich den Erfordernissen der Zeit anzupassen. Wer die Quelle von Recht und Ordnung nicht kennt, ändert sich, wie sich die Gewohnheiten ändern. Sitten und Pflichten ändern sich, wie sich die Gewohnheiten ändern. Die Gelehrten machen es sich zur Aufgabe, Präzedenzfällen zu folgen, indem sie das auf Konventionen beruhende Althergebrachte bewahren, da sie glauben, Regieren sei anders nicht möglich. Dies ist, als wollte man versuchen, einen eckigen Holzpflock in ein rundes Loch zu treiben.

Führer werden eingesetzt, damit sie Gewalt ausmerzen und Unordnung unterbinden. Nun nutzen sie aber ihre Macht über das Volk aus, um ihrerseits zu Plünderern zu werden. Sie sind wie geflügelte Tiger – warum sollte man sie nicht beseitigen? Wenn du in einem Teich Fische züchten willst, mußt du die Fischotter ausrotten; willst du Haustiere züchten, mußt du die Wölfe loswerden – wieviel eher trifft dies zu, wenn es um die Herrschaft über ein Volk geht!

Führer, die auf niedrigem Niveau stehen und eine Autoritätsstellung auf mittlerem Niveau anstreben, werden ihre Stellung als Führer auf niedrigem Niveau verlieren. Führer, die auf mittlerem Niveau stehen und eine Autoritätsstellung auf hohem Niveau anstreben, werden ihre Stellung als Führer auf mittlerem Niveau verlieren.

Läßt man einen entarteten Menschen gewähren und vergrößert man dadurch die Schwierigkeiten im ganzen Land, so handelt man wider jede natürliche Vernunft.

Wenn Führer zu sehr zu Gutmütigkeit neigen, dann werden die Unwürdigen belohnt und die Verbrecher kommen frei. Wenn Führer zu sehr zu strafendem Verhalten neigen, dann werden die Würdigen zurückgestoßen und die Nichtwissenden niedergemetzelt. Wer keinerlei Neigungen hat, der gibt ohne Bevorzugung und straft ohne Groll.

Ist das Wasser verschmutzt, ersticken die Fische; ist die Regierung grausam, rebelliert das Volk.

Herrscht Ordnung in der Gesellschaft, schützt du dich selbst durch das Recht; herrscht Unordnung in der Gesellschaft, schützt du selbst das Recht.

Doppelzüngigkeit vermag nicht eine einzige Person zu gewinnen; Aufrichtigkeit vermag hundert Menschen zu gewinnen.

Weise fördern das Gute mittels der Dinge, die das Volk liebt, und sie verhindern das Schlechte mittels der Dinge, die das Volk fürchtet. Sie belohnen eine Person, und die ganze Welt lobt sie; sie bestrafen eine Person, und die ganze Welt ist von Ehrfurcht erfüllt. Die beste Belohnung ist also nicht teuer, und die beste Strafe ist nicht maßlos.

Die Weisen bedienen sich der Kultur, um sich mit der Gesellschaft zu verständigen, und sie bedienen sich der Wirklichkeit, um zu tun, was angemessen ist. Sie sind nicht einer Linie verhaftet; sie bleiben nicht stehen und versäumen es nicht, sich anzupassen. Das ist der Grund, warum sie nur wenige Mißerfolge, aber viele Erfolge verzeichnen, warum ihre Anweisungen befolgt werden und niemand sie in Frage stellt.

Wenn Weise hohe Positionen innehaben, sind die Menschen mit ihrem Regierungsstil zufrieden; wenn Weise niedrige Positionen innehaben, nehmen sich die Menschen ihre Ideen zum Vorbild. Wenn schäbige Naturen hohe Stellungen bekleiden, ist es den anderen nicht möglich, auch nur für einen Augenblick Ruhe zu finden.

Betrachten die Herrscher ihre Untergebenen als ihre eigenen Kinder, dann werden die Untergebenen die Herrscher als ihre eigenen Eltern betrachten. Betrachten die Herrscher ihre Untergebenen als ihre eigenen jüngeren Geschwister, dann werden die Untergebenen die Herrscher als ihre eigenen älteren Geschwister betrachten.

Betrachten die Herrscher ihre Untergebenen als ihre eigenen Kinder, dann werden sie die Welt beherrschen. Betrachten die Untergebenen ihre Herrscher als ihre eigenen Eltern, dann werden sie die Welt richtigstellen. Betrachten die Herrscher ihre Untergebenen als ihre eigenen jüngeren Geschwister, finden sie es nicht schwer, für sie zu sterben. Betrachten die Untergebenen ihre Herrscher als ihre eigenen älteren Geschwister, finden sie es nicht schwer, für sie zu sterben.

Du kannst nicht über eine Armee aus Eltern, Kindern und Geschwistern siegen, weil diese einander so viel Gutes getan haben.

Herrscher erwarten zwei Dinge von ihren Untertanen: Sie wollen, daß das Volk für das Land arbeitet, und sie wollen, daß das Volk für das Land stirbt. Das Volk erhofft sich drei Dinge von seinen Herrschern: daß die Hungernden ernährt werden, daß die Müden Ruhe finden und daß die Würdigen belohnt werden. Hat das Volk die beiden Erwartungen, die die Regierung in es setzt, erfüllt, vernachlässigt die Regierung aber die drei Dinge, die das Volk sich von ihr erhofft, dann wird das Militär auch dann schwach sein, wenn das Land groß und die Bevölkerung zahlreich ist.

Der Kriegsherr von Wei fragte einen seiner Minister, was wohl ein Land in den Untergang führe. Der Minister antwortete: «Zahlreiche Siege in zahlreichen Kriegen.»
Der Herr sagte: «Ein Land kann sich glücklich preisen, wenn es zahlreiche Siege in zahlreichen Kriegen erlangt – warum sollte es dadurch zugrunde gehen?»
Der Minister antwortete: «Wenn es wiederholt zu Kriegen kommt, ist das Volk geschwächt; wenn sie wiederholt Siege erringen, werden die Herrscher hochmütig. Laß hochmütige Herrscher ein schwaches Volk befehligen, und selten nur wird es eine Nation geben, die dadurch nicht zugrunde geht.»

Einst traf ein Gelehrter, der einen Stapel Bücher auf dem Rücken trug, auf der Straße einen Einsiedler. Der Einsiedler sprach: «Diener der Öffentlichkeit reagieren mit ihrem Handeln auf die Wandlungen, und die Wandlungen erfolgen in der Zeit; daher handeln jene, die die Zeiten kennen, nicht auf eine festgelegte Art und Weise. Bücher entstehen aus Worten, und Worte stammen von jenen, die wissen; daher häufen die Wissenden keine Bücher an.»

Als der Staat Jin auf den Staat Chu zumarschierte, baten die Fürsten von Chu den König, doch endlich zum Angriff überzugehen, aber der König erwiderte: «Jin griff uns während der Regierungszeit unserer früheren Könige nicht an; nun, da Jin uns während meiner Amtszeit angreifen will, muß dies wohl mein Fehler sein. Was kann angesichts dieser Schande getan werden?»

Die Fürsten sagten: «Jin griff uns während der Zeit der früheren Minister nicht an; nun, da Jin uns während unserer Amtszeit angreift, muß es wohl unser Fehler sein.»

Der König von Chu senkte sein Haupt und weinte. Dann erhob er sich und verbeugte sich vor seinen Ministern.

Als das Volk von Jin davon hörte, sagte es: «Der König und seine Minister wetteifern darum, die Schuld auf sich zu nehmen. Und mit welcher Selbstverständlichkeit der König seinen Untergebenen gegenüber Demut bezeugt! Sie dürfen nicht angegriffen werden!»

In dieser Nacht machte die Armee von Jin kehrt und zog sich nach Hause zurück.

Daher sagte Laozi: «Wer bereit ist, die Schande der

Nation auf sich zu nehmen, wird Herrscher über das Land genannt.»

Einmal fragte jemand einen weisen Mann, welcher der sechs führenden Generäle als erster zugrunde gehen würde. Der weise Mann nannte einen von ihnen, und der Fragende wollte wissen, warum er gerade diesen einen gewählt hätte. Der Weise antwortete: «Unter seiner Regierung wird Härte für Wachsamkeit gehalten, Vergnügen gilt als Erleuchtung, und Grausamkeit gegenüber Untergebenen wird als Loyalität angesehen.»
Daher sagte Laozi: «Sind die Regierenden unauffällig, dann sind die Menschen aufrichtig und rein; sind die Regierenden vorlaut, dann sind die Menschen unzufrieden.»

Was immer in der Politik früherer Regierungen unangebracht war, muß fallengelassen werden, während alles Positive in den Angelegenheiten späterer Zeiten übernommen werden muß. Auch früher waren Sitten und Gebräuche nie ein für alle Male festgelegt; daher bestimmen die Weisen die Sitten und Gebräuche, ohne selbst von Sitten und Gebräuchen bestimmt zu sein.

Die Bücher der alten Könige zu rezitieren ist nicht so gut, wie ihre Worte selbst zu hören. Ihre Worte zu hören ist nicht so gut, wie das zu erreichen, aus dem heraus diese Worte gesprochen wurden. Das zu erreichen, aus dem heraus diese Worte gesprochen wurden, ist etwas, was mit Worten nicht ausgedrückt werden kann. Daher heißt es: «Der Weg, über den gesprochen werden kann, ist nicht der ewige WEG.»

Wenn ein Land wiederholt seine Führer auswechselt und die Menschen diesen Zustand ausnutzen, um zu tun, was ihnen beliebt, und die Macht benutzen, um ihren Begierden neue Nahrung zu geben, und sie sich aber gleichzeitig auf normierte Art und Weise und gemäß feststehenden Regeln den Anforderungen der Zeit anpassen und auf den Wandel reagieren wollen, ist es klar, daß sie mit Verantwortung nicht umgehen können.

Woran die Weisen sich orientieren, heißt der WEG, und was sie tun, heißt ihr Werk. Der WEG ist wie Metall und Stein – unwandelbar; ihr Werk ist wie ein Musikinstrument, das jedesmal neu gestimmt werden muß.

Gesetze und Übereinkommen sind Werkzeuge der Regierung, aber sie sind es nicht, was eine Regierung ausmacht.

Menschlichkeit und Gerechtigkeit sind wie Kette und Schuß der Gesellschaft; daran wird sich nie etwas ändern. Wenn die Menschen ihre Fähigkeiten richtig einschätzen und sich die Zeit nehmen, um zu prüfen, was sie tun, dann hat alles seine Ordnung, auch wenn täglich Veränderungen stattfinden.

In alten Zeiten war das Volk unverdorben, das Handwerk war gediegen, der Handel einfach, und die Frauen waren keusch. Daher war es für Regierung und Erziehung ein leichtes, wirksam zu sein, Sitten und Gebräuche ließen sich leicht ändern. Wenn man heutzutage, wo die Tugenden der Gesellschaft schwinden und die Sitten verfallen, eine dekadente Bevölkerung mittels einfacher Gesetze regieren will, ist es, als wollte man ein wildes Pferd ohne Zaum und Zügel reiten.

König Wen war klug und strebte dennoch danach, zu lernen; daher erlangte er Weisheit. König Wu war tapfer und strebte dennoch danach, zu lernen, daher war er siegreich. Wer sich vom Wissen der vielen tragen läßt, erlangt Weisheit; wer sich die Stärke der vielen zunutze macht, hat Bestand.

Wenn eine Anzahl von Menschen ihre Kräfte zusammentun, verfügen hundert Menschen über zusätzliche Kraft. Verläßt man sich auf die Kraft eines einzelnen Individuums, verliert man nur seinen Rückhalt.

Wenn es keine Benachteiligung gibt, sondern jeder einzelne den für ihn geeigneten Lebensstil findet, dann herrscht Gleichheit in der Welt, und niemand dominiert den anderen. Weise finden Arbeit für alle, so werden keine Fähigkeiten vergeudet.

Viele Menschen lassen sich von Ruhm und Ruf blenden. Nur wenige Menschen sehen die Wirklichkeit.

Die Natur des gewöhnlichen Menschen ist es, wild zu sein, wenn er jung ist, heftig zu sein, wenn er reif ist, und geizig zu sein, wenn er alt ist. Wenn sogar der einzelne zahlreiche Wandlungen durchmacht, dann ist es nicht verwunderlich, daß Führer wiederholt die Gesetze ändern und Staaten häufig ihre Führer auswechseln. Wenn die Menschen ihre Stellungen dazu benutzen, um ihre eigenen Vorlieben und Abneigungen zu verstärken, dann werden jene in untergeordneten verantwortlichen Positionen in der Angst leben, nicht länger erfolgreich arbeiten zu können.

Will man neue Sitten schaffen, so reicht es, bereits bestehende Wirklichkeiten zu verstärken und Absichten zu verdeutlichen. Will man ein Musikstück komponieren, so reicht es, Freude in Harmonien umzusetzen und Ideen auszudrücken.

In einer ungeordneten Nation widersprechen Worte und Taten einander; Gefühl und Ausdruck stehen in Gegensatz zueinander. Die Sitten und Gebräuche sind so haarklein ausgearbeitet, daß es lästig ist, sie zu befolgen; die Musik ist so kunstvoll, daß sie ausschweifend wirkt.

Einen Staat zu regieren ist wie einen Garten zu jäten: Entferne einfach die Sprosse schädlicher Pflanzen – das ist alles.

Moden, Gewohnheiten und Gebräuche sind nicht die Natur der Menschen, sondern das, was diese von außen in sich aufnehmen. Die menschliche Natur ist unschuldig; wenn sie über lange Zeit von Gewohnheiten überdeckt ist, verändert sie sich. Verändert sich die Natur der Menschen, dann vergessen sie ihren Ursprung und passen sich etwas an, das nur scheinbar natürlich ist.

Wer den WEG verwirklicht hat, verändert sich äußerlich, aber nicht innerlich. Sein äußerlicher Wandel ist sein Mittel, Zugang zur menschlichen Gesellschaft zu finden; seine innere Unwandelbarkeit ist sein Mittel, seine Ganzheit zu wahren. Daher verfügt er über ein stabiles inneres Leben, während er sich im Äußeren den Veränderungen, die in anderen stattfinden, anpassen kann.

Wer es nicht wagt, das Feuer zu berühren, auch wenn er sich noch nie verbrannt hat, erkennt, daß die Möglichkeit besteht, sich zu verbrennen. Wer es nicht wagt, ein Schwert zu ergreifen, auch wenn er noch nie verwundet worden ist, erkennt, daß die Möglichkeit besteht, verwundet zu werden. In diesem Licht gesehen, kann der Scharfsinnige verstehen, was sich noch nicht ereignet hat, und es ist ihm möglich, den ganzen Körper zu erkennen, indem er einen kleinen Ausschnitt betrachtet.

Die Verwirrung, in die unwissende Herrscher durch ihre verräterischen Minister geraten, und den Argwohn, den niedrige Menschen den Kultivierten entgegenbringen, können nur Weise bereits im Ansatz klar erkennen.

Jene, die die Welt im Altertum regierten, müssen das wahre Wesen der Natur und des Schicksals der Menschen verstanden haben; sie handelten zwar nicht unbedingt in der gleichen Art und Weise, aber sie waren eins in ihrer Übereinstimmung mit dem Tao.

In alten Zeiten waren die Wagen weder bemalt noch verziert. Ein Handwerker übte nicht zwei verschiedene Handwerke aus; ein Gelehrter hatte nicht gleichzeitig verschiedene Posten inne. Jeder beschränkte sich auf seinen Bereich und behinderte nicht den anderen. Die Menschen fanden, was ihnen entsprach; das Leben verlief ruhig und ohne Zwang.

Um Feuer bitten ist nicht so gut wie sich die Mittel zum Feuermachen beschaffen; davon abhängig sein, daß jemand Wasser für uns schöpft, ist nicht so gut wie selbst einen Brunnen graben.

Der Geist überquert Berge, und diese können ihn nicht stören; er taucht in Meere und Flüsse ein, und diese können ihn nicht benetzen. Er erstickt nicht an einem beengten Ort, und obwohl er sich über Himmel und Erde erstreckt, sind Himmel und Erde nicht erfüllt von ihm.

Wer dies nicht versteht, der mag zwar über materielle Mittel und eine künstlerische Bildung verfügen und durch literarische Aktivitäten glänzen, aber ohne das Verstehen des Geistes wird ihm nichts davon helfen, die Welt zu regieren.

Wer den großen Sinn nicht erkennt, weiß nicht, daß es sich im Leben nicht lohnt, habgierig zu sein. Wer noch keine großen Worte vernommen hat, weiß nicht, daß es sich nicht lohnt, auf Vorteile aus zu sein, weil man die Vorherrschaft über die Welt erlangen will.

Pflichterfüllung bedeutet, in Übereinstimmung mit der Vernunft das Angemessene zu tun. Höflichkeit bedeutet, unter Berücksichtigung der Gefühle vornehme Zurückhaltung zu üben.

Wenn Lebenskraft und Geist überbeansprucht werden, lösen sie sich auf; wenn Ohren und Augen aufsässig sind, ermüden sie. Daher gebietet der Führer, der vom Tao durchdrungen ist, den Vorstellungen Einhalt, entledigt sich des Eigensinns und ruht in einem Zustand der Klarheit und Offenheit.

Wer in den Genuß der Macht gelangt, hat nur sehr wenig, woran er sich festhalten könnte, trägt aber große Verantwortung. Was ihm bleibt, ist sehr begrenzt; was er kontrolliert, ist sehr umfassend.

Hochgelegene Terrassen und vielstöckige Pavillons mögen noch so prächtig sein, aber ein erleuchteter Führer vermag sich daran nicht zu erfreuen, solange die Menschen obdachlos sind. Erlesene Weine und zartes Fleisch mögen noch so köstlich sein, aber ein erleuchteter Führer vermag sie nicht zu genießen, solange die Menschen Hunger leiden.

Herrscher, die keine Prinzipien kennen, nehmen vom Volk, ohne dessen Leistungsfähigkeit einzuschätzen; sie stellen Anforderungen an ihre Untertanen, ohne abzuschätzen, über welche Besitztümer ihre Untertanen verfügen. Männer und Frauen können sich nicht dem Pflügen und Weben widmen, weil sie den An-

sprüchen der Herrscher nachkommen müssen; daher
verzehrt sich ihre Kraft, und ihre Güter gehen zur
Neige. So entsteht Haß zwischen Herrscher und Untertanen.

Nach dem großen Plan der Natur ergibt die Bestellung der Felder während drei Jahren einen Überschuß
an Nahrungsmitteln, der für ein Jahr ausreicht. Neun
Jahre ergeben einen Überschuß für drei Jahre, acht-
zehn Jahre ergeben einen Überschuß für sechs Jahre,
und siebenundzwanzig Jahre ergeben einen Überschuß
für neun Jahre. So können weder Überschwemmungen noch Trockenheit das Volk in eine verzweifelte
Lage bringen.
Wenn ein Land also nicht über Vorräte verfügt, die
für neun Jahre reichen, heißt es, es herrsche Mangel in
dem Land. Wenn es nicht über Vorräte für sechs Jahre
verfügt, heißt es, das Land befände sich in einer Krise.
Wenn es nicht über Vorräte für drei Jahre verfügt,
heißt es, das Land sei verarmt. Daher sind gütige Führer und erleuchtete Herrscher maßvoll, wenn sie Forderungen an ihre Untertanen stellen und schränken
sich selbst in ihrem Lebenswandel ein.

Habgierige Führer und grausame Herrscher unterdrücken ihre Untergebenen und schröpfen ihr Volk,
um ihre eigenen unersättlichen Wünsche zu befriedigen. So haben die gewöhnlichen Menschen keine
Möglichkeit, in den Genuß der Harmonie des Himmels zu kommen oder die Wohltaten der Erde zu erfahren.

Nahrung bildet die Grundlage des Volkes; das Volk bildet die Grundlage des Staates; der Staat bildet die Grundlage des Herrschers.

Die Gesetze der Könige des Altertums haben es den Jägern verboten, die Herden zu dezimieren oder die Jungen zu töten. Sie haben es den Fischern verboten, die Teiche zu leeren. Fallen und Netze durften nicht vor Ablauf bestimmter Fristen aufgestellt werden; Holz durfte nicht gefällt werden, bevor das Laub gefallen war. Die Felder durften nicht abgebrannt werden, bevor die Insekten ihren Winterschlaf begonnen hatten. Trächtige oder säugende Tiere durften nicht getötet werden; Eier durften nicht aus den Nestern genommen werden; Fische, die noch nicht einen Fuß Länge erreicht hatten, durften nicht gefangen werden.

Was eine Nation befähigt zu überleben, ist Güte und Gerechtigkeit; was die Menschen befähigt zu leben, ist praktische Tugend. Eine Nation, die keine Gerechtigkeit kennt, wird zugrunde gehen, selbst wenn sie groß ist; Menschen, denen es an gutem Willen fehlt, werden verwundet, selbst wenn sie tapfer sind.

Der Herrscher ist der Geist der Nation. Ist der Geist geordnet, dann sind alle Energieschnittpunkte der Nation ruhig; ist der Geist in Aufruhr, sind alle diese Punkte verwirrt. In einem Menschen, dessen Geist geordnet ist, vergessen die Glieder des Körpers einander; herrscht Ordnung in einem Staat, vergessen Herrscher und Minister einander.

Menschlichkeit ist der offensichtliche Beweis für angehäufte Güte; die soziale Pflicht besteht darin, die Gefühle der Menschen zu teilen und in Übereinstimmung mit dem zu stehen, was der Gemeinschaft angemessen ist.

Für die alten Führer war die Welt licht und die Vielzahl der Dinge überblickbar; Leben und Tod waren für sie eins, und sie paßten sich Wandel und Entwicklung an. Sie nahmen den Geist der großen Weisen in sich auf, um die Gefühle aller Wesen widerzuspiegeln. Oben waren sie die Gefährten der leuchtenden Geistigkeit; unten waren sie Teil der Schöpfung. Wenn jene, die heutzutage den WEG dieser wahren Herrscher erlernen wollen, nicht auch deren klare Erleuchtung und durchdringenden Scharfsinn erlangen, sondern nur ihre Gesetze und ihre Politik beibehalten, so liegt es auf der Hand, daß sie nicht regieren können.

Es ist also weniger gut, zehn scharfe Schwerter zu bekommen, als die Kunst des Schwertmachens zu erlernen.

Die größte Einfachheit ist Formlosigkeit; der weitreichendste WEG ist unermeßlich. Daher ist der Himmel rund, ohne sich nach dem Kompaß richten zu müssen; daher ist die Erde gerade, ohne daß es einer Richtschnur bedürfte.

Die Gesetze der Drei Erhabenen und der Fünf Kaiser des Altertums unterschieden sich in dem, was sie vorschrieben, aber glichen sich darin, daß sie alle die Herzen der Menschen eroberten.

Wer das Leben hochhält, zerstört sich nicht selbst um eines materiellen Gewinns willen. Wer festen moralischen Grundsätzen folgt, versucht nicht, sich selbst zu schonen, wenn er Schwierigkeiten auf sich zukommen sieht. Wer nach Geld giert, nimmt keine Rücksicht auf seine Gesundheit, wenn er einen Gewinn in Aussicht hat. Wer sich einen guten Ruf schaffen will, wird nicht versuchen, dies auf unrechtem Weg zu erreichen.

Dies ist die Art und Weise, ein Land zu regieren: Die Herrscher sind nicht grausam; die Beamten sind nicht aufsässig; die Intellektuellen sind nicht scheinheilig; die Künstler sind nicht dekadent.

In einer von Widersprüchen gekennzeichneten Gesellschaft werben die Geschäftigen füreinander, indem sie sich gegenseitig loben, während die kultivierten Menschen einander scheinheilig die Ehre erweisen.

Auf Täuschung bedachte Schriftsteller sind mit Absicht weitschweifig und verwirrend, denn sie wollen weise erscheinen; da sie einander in ihren Spitzfindigkeiten übertreffen wollen, sind ihre endlosen Gedankengänge nicht überzeugend und ohne Nutzen für die gesellschaftliche Ordnung.

Die Sitten in einer dekadenten Gesellschaft bedienen sich der List und Täuschung, um dem Nutzlosen einen schönen Anstrich zu geben.

Niemand hat je von einem Menschen gehört, der es vermieden hätte, das Gesetz zu brechen und eine Bestrafung zu riskieren, wenn er von Hunger und Kälte geplagt war.

Wenn Menschen mehr als genug haben, sind sie nachgiebig; wenn sie weniger als genug haben, kämpfen sie. Sind die Menschen nachgiebig, dann entstehen Höflichkeit und Gerechtigkeit; kämpfen sie, dann entstehen Gewalt und Chaos.

Feuerholz wird nicht im Wald verkauft, und Fische werden nicht am See verkauft, weil dort Überfluß herrscht. Wenn also alles zur Genüge vorhanden ist, schwinden die Begierden; wenn die Wünsche sich auf ein Minimum beschränken, hört das Kämpfen auf.

Ist die Gesellschaft geordnet, so ist das gewöhnliche Volk aufrecht und läßt sich nicht durch die Aussicht auf Vorteile verführen. Ist die Gesellschaft in Unordnung geraten, so ist die Elite niederträchtig, und auch das Gesetz vermag ihr nicht Einhalt zu gebieten.

Das Verhalten der weisen Könige verletzte nicht die Gefühle des Volkes, daher herrschte Frieden in der Welt, selbst wenn die Könige sich ihren Vergnügungen hingaben.
Die korrupten Könige wiesen die Wahrhaften zurück und erklärten sie für vogelfrei. Daher geriet alles in Verfall, während die Könige sich ihren Vergnügungen hingaben.

Sobald Vorlieben und Abneigungen begannen, den Ton anzugeben, nahmen Unordnung und Chaos ihren Lauf.

In alter Zeit gab es Menschen, die im ursprünglichen Nichtwissen lebten; ihr Geist und ihre Energie zerstreuten sich nicht. Alles erschien ihnen voller Frieden, daher waren sie glücklich und ruhig. Zerstörerische Energien lösten sich auf und konnten ihnen nichts anhaben.

In jenen Zeiten waren die meisten Menschen Wilde. Sie konnten Osten und Westen nicht unterscheiden. Sie zogen umher und sammelten Nahrung; sobald sie gegessen hatten, klopften sie auf ihre Bäuche und widmeten sich dem Spiel. In ihren Beziehungen herrschte eine natürliche Harmonie, und sie nährten sich von den Wohltaten der Erde.

Kultur ist ein Mittel, die Menschen zusammenzuführen. Gefühle sind innere Bindungen, die Ausdruck im Äußeren suchen. Lösche die Gefühle durch die Kultur aus, und du wirst die Gefühle verlieren. Zerstöre die Kultur durch die Gefühle, und du wirst die Kultur verlieren.

Wenn die Kultur geordnet ist und die Gefühle sich mitteilen, ist der Gipfel menschlicher Entwicklung erreicht.

Dies bedeutet, daß es eine Tugend darstellt, eine ganzheitliche Sicht der Dinge zu erlangen.

Zu einer gewissen Zeit wurden weder Belohnungen als Anreiz ausgeteilt noch Strafen als Drohung verhängt. Sitten, Pflichten und Gewissen waren nicht genau festgelegt; es gab weder Tadel noch Belobigung, weder Güte noch Gemeinheit. Und doch waren die Menschen im Umgang miteinander weder aggressiv noch hinterlistig, weder gewalttätig noch grausam. Sie waren sich noch nicht ihres Selbst bewußt.

Als der Verfall der Gesellschaft einsetzte, gab es viele Menschen und wenige Güter. Die Menschen arbeiteten hart, um ihr Auskommen zu finden, und trotzdem war es nicht ausreichend. An diesem Punkt kamen Zorn und Zank auf, daher wurde Güte hochgeschätzt.

Als nun einige Menschen gütig und andere niederträchtig waren, entwickelten sich Günstlingswirtschaft und Cliquenbildung. Die Menschen täuschten und hintergingen einander vorsätzlich. So ging das Natürliche verloren, daher wurde Wert auf Pflichterfüllung gelegt.

Sind vollkommene Menschen an der Regierung, nehmen Geist und Körper die ihnen angemessene Stellung ein, Körper und Natur stehen in Einklang. In Zeiten der Ruhe kultivieren die Regierenden die Tugend, in Zeiten des Handelns legen sie Vernunft an den Tag. Sie folgen der Natur, wie sie ist, und konzentrieren sich auf die unausweichliche Entwicklung. Sie sind klar und absichtslos, daher bringt sich die Welt von selbst ins Gleichgewicht. Sie sind ruhig und begierdelos, daher sind die Menschen von selbst einfach. Es gibt kein Glück und auch kein Unglück; es gibt keinen Kampf, und doch finden alle Bedürfnisse reiche Befriedigung. Sie schließen das ganze Land ein und bereichern die Nachwelt, aber niemand weiß, wer oder was dies vollbracht hat.

In der Regierung späterer Zeiten werden das Jagen, die Fischerei und der Handel mit hohen Steuern belegt. Brutplätze werden abgeschlossen, es gibt keinen Platz, wo man Fallen stellen oder pflügen könnte. Zwangsarbeit verzehrt die ganze Kraft der Menschen; Steuern verschlingen all ihre Reichtümer. Menschen finden in ihrer Heimat keine Nahrung; Reisende finden keinen Proviant. Die Lebenden erhalten keine Unterstützung; niemand begräbt die Toten. Männer verkaufen ihre Frauen und Kinder, um den Forderungen seitens der Regierung nachzukommen, und doch können sie noch immer nicht das liefern, was von ihnen verlangt wird.

Eine verkommene Gesellschaft will ihre Grenzen ausdehnen, strebt nach Vorherrschaft und beginnt ungerechte militärische Unternehmungen gegen wehrlose Länder, tötet unschuldige Menschen und bricht mit dem Erbe der alten Weisen.

Größere Länder gehen zum Angriff über; kleine Länder gehen in Verteidigungsstellung. Das Vieh im Besitz des Volkes wird verjagt; die Kinder des Volkes werden gefangengenommen; die Schreine des Volkes werden zerstört; die wertvollen Besitztümer des Volkes werden ihm weggenommen. Blut fließt tausend Meilen weit, und Skelette liegen in den Feldern verstreut – und alles geschieht nur, um die Wünsche der gierigen Herrscher und Regierungen zu befriedigen.

Das ist es nicht, wofür eine Armee eigentlich geschaffen wurde. Ein Heer hat in Wirklichkeit die Aufgabe, Gewalt zu ersticken, und nicht, Gewalt hervorzurufen.

Die wahren Führer einer Gesellschaft gehen voran, wenn die Zeit dafür reif ist, und sie erreichen ihre Ziele auf eine selbstverständliche Art und Weise, ohne darüber besondere Freude zu empfinden.

Wenn die Zeit nicht reif ist, ziehen sie sich zurück; sie beugen sich auf rechte Weise den Umständen, so daß sie nichts zu bedauern haben.

Das ist der Grund, warum einst ein Fürst, der zugunsten seines jüngeren Bruders abdankte und allgemein als ein Muster an Tugend gilt, sich ohne Bedauern in den Bergen zu Tode hungerte. Er gab auf, was er verachtete, und bekam, was er schätzte.

Die Kunst menschenfreundlicher Führerschaft besteht darin, Dinge ohne Hintergedanken zu erledigen und Unterweisungen zu erteilen, ohne zu sprechen; sie besteht darin, rein und ruhig, unbewegt und von unerschütterlicher Konsequenz zu sein; sie besteht darin, Angelegenheiten je nach den Gepflogenheiten an die Untergebenen zu delegieren, so daß alle Aufgaben erledigt werden, ohne daß es zu einer Belastung würde.

Wenn das Territorium dank eines tugendvollen Vorgehens eine große Ausdehnung angenommen hat und die Führung dank ihres tugendvollen Verhaltens verehrt wird, so ist dies am besten.

Wenn das Territorium dank gerechten Vorgehens eine große Ausdehnung angenommen hat und die Führung dank ihres gerechten Verhaltens verehrt wird, so ist dies am nächstbesten.

Wenn das Territorium dank eines machtvollen Vorgehens eine große Ausdehnung angenommen hat und die Führung dank ihrer Macht verehrt wird, so ist dies am wenigsten gut.

Eine ungeordnete Nation scheint übervoll; eine geordnete Nation scheint leer. Eine sterbende Nation scheint Mangel zu leiden; in einer überlebenden Nation scheint Überfluß zu herrschen. Leere bedeutet nicht, daß keine Menschen da sind, sondern daß sie sich alle ihrer Arbeit widmen. Fülle bedeutet nicht, daß viele Menschen da sind, sondern daß sie sich alle Nebensächlichkeiten widmen. Im Überfluß leben bedeutet nicht über viele Besitztümer verfügen, sondern daß die Wünsche bescheiden sind und die Geschäfte sich auf ein Mindestmaß beschränken. Mangel bedeutet nicht, daß keine Güter vorhanden sind, sondern daß die Menschen sich von ihren Gefühlen leiten lassen und viele Ausgaben haben.

Habsüchtige Menschen, die von vielen Begierden getrieben sind, lassen sich von Macht und Profit einschläfern und dazu verleiten, sich nach Ruhm und Rang zu sehnen. Sie möchten durch ihre außergewöhnliche Schlauheit in der Welt vorwärtskommen, daher erschöpfen sich ihre Lebenskraft und ihr Geist Tag um Tag, bis sie mehr und mehr schwinden.

Jene, die sich nach Glück sehnen, können ein Unglück heraufbeschwören, während jene, die es nach Gewinnen gelüstet, an dem festhalten mögen, was schädlich ist. Daher geraten jene, die absichtslos in Frieden gelebt haben, in Gefahr, sobald sie das verlieren, was es ihnen erlaubt hat, in Frieden zu leben. Und jene, die mühelos regieren, werden im Chaos enden, wenn sie das verlieren, was es ihnen erlaubt hat, zu regieren.

Ein vortrefflicher Reiter läßt das Pferd nicht außer acht; ein vortrefflicher Bogenschütze läßt den Bogen nicht außer acht; ein vortrefflicher Führer läßt das Volk nicht außer acht.

Wenn Führer wahrhaft lieben können und wahrhaft für das Wohl des Volkes eintreten, dann wird ihnen jeder folgen. Aber selbst ein Kind rebelliert gegenüber lieblosen und groben Eltern.

Es gibt etwas, das von überragender Bedeutung ist in der Welt, aber das ist weder Macht noch gesellschaftliche Stellung. Es gibt einen großen Reichtum, aber der besteht nicht in Gold oder Juwelen. Es gibt ein erfülltes Leben, aber das läßt sich nicht in der Länge der Jahre messen.

Wenn du in die Quelle des Geistes blickst und zu seiner wahrhaften Natur zurückfindest – das ist es, was wirklich zählt. Wenn du zufrieden bist mit deinen Gefühlen, dann bist du reich. Wenn du verstehst, was Leben und Tod unterscheidet, ist dein Leben erfüllt.

Die Augen und Ohren erleuchteter Führer strengen sich nicht an, ihre Lebenskraft und ihr Geist erschöpfen sich nicht. Wenn Dinge aufkommen, beobachten sie deren Erscheinung, und wenn Ereignisse stattfinden, dann reagieren sie auf deren Wandel. Wenn es im Naheliegenden keine Verwirrung gibt, dann herrscht Ordnung auch im Fernen.

Herrscher, die über ungeordnete Nationen gebieten, streben danach, ihr Territorium auszudehnen, sie streben aber nicht nach Menschlichkeit und Gerechtigkeit. Sie wollen ihre soziale Stellung verbessern; sie streben aber nicht nach den Tugenden des WEGES. Das bedeutet, daß sie das, was ihnen das Überleben sichert, aufgeben und die Ursachen für Zerstörung schaffen. Aus diesem Grund leugneten die Despoten der Vorzeit, die abgesetzt und eingekerkert wurden, weder ihre Taten noch korrigierten sie ihre Fehler; sie bedauerten nur, ihre Nachfolger nicht getötet zu haben, als sich ihnen die Möglichkeit dazu geboten hatte.

Die Welt kann gewonnen, aber nicht erobert werden; Führerschaft kann angenommen, aber nicht begehrt werden. Verlaß dich auf deine Geistesschärfe, und das Volk wird sie anzweifeln; verlaß dich auf deine Macht, und das Volk wird sie bekämpfen.

Es ist nicht möglich, die Menschen in vollkommener Unwissenheit zu halten, aber es ist möglich, sie unfähig dazu zu machen, ihre Intelligenz gegen dich zu benutzen. Es ist nicht möglich, die Menschen völlig zu entmachten, aber es ist möglich, sie unfähig dazu zu machen, ihre Macht gegen dich auszuspielen. Diese beiden Dinge sind immer nur auf lange Sicht zu erreichen.

Die Schlauen verstehen sich aufs Berechnen; die Wissenden verstehen sich aufs Voraussehen.

Das Tao ist unergründlich und verschwiegen, ohne Erscheinung, ohne Vorbild. Seine Größe ist unbestimmt, seine Tiefe unauslotbar. Und es hat teil an der menschlichen Entwicklung, obwohl das gewöhnliche Wissen es nicht erfassen kann.

Im Altertum, als Shennong, das Genie des Ackerbaus, das Land regierte, war sein Geist in seinem Brustkorb nicht in Aufruhr, und seine Weisheit war nicht auf Eroberung gerichtet. Sein Herz war gütig und aufrichtig.

Zur rechten Zeit setzten Schauer süßen Regens ein, und die fünf Getreidearten gediehen. Im Frühling wuchs alles heran, um im Sommer zu reifen, im Herbst wurde geerntet und im Winter eingelagert.

Es fanden monatliche Bestandsaufnahmen statt und zeitgerechte Überlegungen. Am Ende des Jahres wurden die Früchte der Arbeit vorgezeigt, und jedes Getreide wurde zur rechten Zeit verkostet.

Unter der unvoreingenommenen Fürsorge des erleuchteten Führers, des genialen Shennong, der die Menschen in der Kunst des Ackerbaus unterwies, waren die Menschen einfach, offen und ehrlich. Sie erhielten ausreichend Güter, ohne darum kämpfen zu müssen; sie verrichteten ihre Arbeit, ohne ihren Körper zu schinden. Sie verließen sich auf die Unterstützung durch Himmel und Erde und brachten so ihr Leben in Einklang mit Himmel und Erde.

Daher war die Autorität des Staates zwar groß, wurde aber nie auf die Probe gestellt; Bestrafungen wurden festgesetzt, kamen aber nie zur Anwendung; die Gesetze waren einfach und nicht bis ins einzelne ausgearbeitet.

So kam es, daß die Herrschaft von Shennong die Herrschaft eines Genies war.

Wer das Tao versteht, konzentriert sich nicht nur auf sich selbst; er ist der ganzen Welt verbunden.

Willst du den Weg des Himmels ergründen, so betrachte die Wiederkehr der Jahreszeiten. Willst du den Weg der Erde ergründen, so finde heraus, welche Bäume auf ihr wachsen. Willst du den Weg der Menschen ergründen, so laß sie haben, was sie wollen.

Wenn du ein Netz spannst, wo Vögel vorbeifliegen, ist es zwar nur eine Masche des Netzes, die den Vogel fängt, aber wenn du ein Netz spannst, das nur aus einer Masche besteht, wirst du nie einen Vogel fangen.

Gehst du frühmorgens auf den Markt, dann läufst du, wenn du aber abends über den Markt gehst, schlenderst du, denn du tust es aus einem anderen Bedürfnis.

Als in alten Zeiten das Reich Chu das Reich Song angreifen wollte, hörte der Philosoph Mozi davon und beklagte es. Er verließ sein Heimatland Lu und wanderte zehn Tage und zehn Nächte lang. Seine Füße waren von Blasen und Schwielen bedeckt, aber er riß sein Gewand in Stücke und umwickelte damit seine Füße, ging weiter und hielt erst inne, als er Chu erreicht hatte.

Als er den König von Chu erblickte, sagte Mozi: «Ich habe gehört, daß du dabei bist, eine Armee aufzustellen, um Song anzugreifen. Hast du bereits einen unfehlbaren Plan ausgearbeitet und willst du nun Song angreifen und erobern? Hast du denn all das Leid und die Härten bedacht, die du dem Volk zufügen wirst? Angenommen, deine Armee würde aufgehalten und deine Waffen würden zerstört und du selbst wärest dann berüchtigt für deine Ungerechtigkeit, obwohl du nicht einmal einen Fuß des Territoriums von Song erobert hast, würdest du dann Song immer noch angreifen?»

Der König entgegnete: «Wenn ich mir sicher wäre, daß ich Song nicht einnehmen könnte und noch dazu Unrecht tun würde, warum sollte ich es dann angreifen?»

Mozi antwortete: «So wie ich es sehe, wirst du sicherlich dem Recht Gewalt antun und noch dazu Song nicht erobern können.»

Der König sagte: «Ich verfüge über die geschicktesten Handwerker der ganzen Welt, was das Errichten von Belagerungstürmen betrifft. Wenn ich sie beim Angriff auf Song aufstellen lasse, wie kann ich Song dann nicht einnehmen?»

Mozi veranlaßte daraufhin den König, den Handwerkern zu befehlen, Belagerungstürme aufzubauen, und versprach zu zeigen, wie man sich dagegen verteidigen könnte. Der Handwerksmeister baute neun Belagerungsanlagen auf, und Mozi legte jede einzelne lahm, ohne daß auch nur eine einzige hätte durchbrechen können.

Daraufhin legte der König die Waffen nieder und gab den Plan auf, Song anzugreifen.

Ein anderes Mal lebte ein Mann namens Duan Ganmu, der seine Karriere aufgab, um zurückgezogen in seinem Heim zu leben. Der Herr von Wei begab sich in die Stadt, in der Duan wohnte, und stattete der Bevölkerung einen offiziellen Anstandsbesuch ab. Als sein Diener ihn fragte, warum er dies tue, antwortete der Herr: «Weil Duan Ganmu hier lebt.»

Der Diener sagte: «Duan Ganmu ist ein Mann ohne Bedeutung. Geht es nicht zu weit, seiner Stadt auf diese Art die Ehre zu erweisen?»

Der Herr antwortete: «Duan Ganmu ist nicht auf Macht und Vorteil aus, sondern nimmt den Weg der Erleuchteten ernst. Obwohl er unerkannt in einem Armenviertel lebt, ist sein guter Name nah und fern bekannt. Wie könnte ich diese Stadt nicht ehren?»

Der Herr fügte hinzu: «Seine Tugend ist strahlend, ich strahle vor Macht. Er ist reich, was das sittliche Leben betrifft; ich bin reich, was das materielle Leben betrifft. Macht ist nicht so ehrenwert wie Tugend; Besitz ist nicht so vornehm wie ein moralischer Lebenswandel. Selbst wenn er mit mir tauschen könnte, würde er es nicht tun.»

Als später das Königreich Qin eine Armee aufstellte, um Wei anzugreifen, widersetzte sich einer der Adeligen von Qin diesem Plan mit folgenden Worten: «Duan Ganmu ist ein weiser Mann, und sein Herrscher verehrt ihn. Jeder weiß dies; alle Herren haben davon gehört. Wäre es nicht unmoralisch, nun eine Armee aufzustellen, um Wei anzugreifen?»

Aus diesem Grund ließ der König von Qin seinen Plan, Wei anzugreifen, fallen.

Mozi lief tausend Meilen, um das Überleben von Chu und Song sicherzustellen; Duan Ganmu brachte den Frieden für Qin und Wei, ohne sein Zuhause zu verlassen. Handeln und Nichthandeln sind zwar Gegensätze, aber beides kann dazu benützt werden, um Nationen vor dem Untergang zu bewahren. Das ist es, was man «das gleiche Ziel auf verschiedenen Wegen erreichen» nennt.

Das Wissen der Menschen um die Dinge ist seicht, und doch wollen sie, daß dieses Wissen das ganze Land erleuchtet und die Gemeinschaft aufrechterhält. Wenn sie sich aber nicht an die Gesetze des Tao halten und sich nur auf ihre eigenen subjektiven Fähigkeiten verlassen, dann wird es nicht lange dauern, bis sie endgültig in eine Sackgasse geraten. Konventionelles Wissen reicht nicht aus, will man ein Land regieren.

Ein grausamer König der Vorzeit verfügte über außergewöhnliche Kraft; er tötete Riesenschildkröten im Meer und fing Bären an Land. Der Mann, der ihn stürzte, war schwach, und doch konnte er dem grausamen König Einhalt gebieten und ihn gefangensetzen. Wie dies zeigt, ist Männlichkeit allein nicht genug, um über ein Land herrschen zu können.

Da gewöhnliches Wissen allein nicht reicht, will man ein Land regieren, und Männlichkeit allein nicht reicht, um stark zu sein, sollte man menschlicher Begabung nicht unbedingt vertrauen und sie nicht als sicheres Zeichen für Erleuchtung ansehen.

Ein Herrscher, der nicht vom oberen Teil des Tempels herabsteigt, dessen Wissen sich aber über die vier Meere hinaus erstreckt, ist einer, der die Dinge durch die Dinge und die Menschen durch die Menschen erkennt.

Was gesammelte Kraft in die Höhe heben kann, dafür gibt es keine Grenzen. Was immer dank des Wissens vieler Menschen geschieht, wird von Erfolg gekrönt sein.

Läßt du dich vom Wissen der Menge tragen, so ist es leicht, die Vorherrschaft zu erringen; benutzt du nur deinen Geist allein, so kannst du nicht einmal dich selbst schützen.

Wenn das in der Öffentlichkeit befürwortet wird, was bisher nur als Idee im Geist der Führung existiert, so bedeutet dies, daß die Führung in ihrer Wahrhaftigkeit das Wesentliche berührt hat.

Werden Menschen geschickt eingesetzt, so ähneln sie den Beinen eines Tausendfüßlers – sie sind zahlreich, ohne einander zu behindern. Sie sind wie Lippen und Zähne – Hart und Weich stoßen aneinander, ohne einander zu verletzen.

Wenn Sitten und Gebräuche sich ändern, ohne daß irgendwelche Befehle oder Anweisungen ausgegeben werden müssen, kann dies nur auf die Wirkung gütigen Verhaltens zurückzuführen sein – Gesetze und Bestrafungen genügen nicht, um dies zu bewirken.

Die Fähigkeiten eines einzelnen Menschen reichen nicht einmal aus, um einen einzigen Haushalt zu führen; wenn du aber der wahren Vernunft folgst, die sich auf die Natur des Universums gründet, dann ist die ganze Welt im Gleichgewicht.

Führer sehen mit den Augen des ganzen Landes, hören mit den Ohren des ganzen Landes, denken mit dem Wissen des ganzen Landes und bewegen sich mit der Stärke des ganzen Landes.
Aus diesem Grund erreichen ihre Anweisungen auch die untersten Ränge, während sich die Gefühle der breiten Bevölkerung auch den Führern mitteilen.

Wer durch die Verwirklichung des Tao herrscht, der mag zwar selbst über keine Fähigkeiten verfügen, aber er versteht es, die Fähigen einzusetzen. Wenn du den WEG nicht verwirklichst, magst du über noch so viele Fähigkeiten verfügen, sie alle werden nutzlos sein.

In alten Zeiten, als weise Könige herrschten, stellten sie durch Regierung und Erziehung alle Menschen einander gleich, und ihre Mildtätigkeit erstreckte sich auf alle Untertanen. Jene oben und jene unten waren eins im Denken; die Vorgesetzten und die Untergebenen schlossen sich in Herzlichkeit zusammen. Es gab ausreichend Nahrung und Kleidung, es gab genügend Wohnungen und Arbeit. Die Väter waren gütig, die Kinder verhielten sich, wie es Kindern geziemt. Die älteren Geschwister waren gut, die jüngeren Geschwister gehorchten. Die Lebenden waren nicht feindselig gesinnt, und die Sterbenden hegten keinen Groll. Die Welt lebte in Harmonie, und die Wünsche der Menschen gingen in Erfüllung.

Niemand hat je von einem Land gehört, in dem Chaos herrscht, wenn die einzelnen ein geordnetes Leben führen. Und niemand hat je von einem Land gehört, in dem Ordnung herrscht, wenn die einzelnen aufbegehren. Wenn das Richtmaß nicht gerade ist, kann es nicht dazu benutzt werden, um ein Rechteck zu zeichnen; wenn der Zirkel nicht korrekt arbeitet, kann er nicht benutzt werden, um einen Kreis zu ziehen. Der einzelne ist das Richtmaß und der Zirkel aller Dinge: Noch nie hat jemand davon gehört, daß man andere auf die rechte Bahn bringen könnte, während man selbst krumme Wege geht.

Hochmütige und anmaßende Herrscher haben keine loyalen Minister; wer klug zu reden vermag, dem schenkt man nicht unbedingt Vertrauen.

Der Weg eines Herrschers ist rund, einem unendlichen Kreis gleich. Von ihm geht eine nährende spirituelle Kraft aus, er ist offen, selbstlos und ausgeglichen, er hält sich immer im Hintergrund und tut sich nie hervor.

Der Weg eines Ministers ist eckig, er wägt ab, was recht ist, und trifft die geeigneten Maßnahmen, er bringt seine Vorschläge ein und widmet sich mit außerordentlicher Klarheit seiner Aufgabe und erringt so seine Erfolge.

Wenn sich daher Herrscher und Minister in ihrem Verhalten unterscheiden, herrscht Ordnung; wenn sie ihr Verhalten einander angleichen, herrscht Unordnung. Wenn sie es schaffen, das zu tun, was ihnen angemessen ist, und mit ihren Aufgaben verantwortungsbewußt umgehen, dann sind Vorgesetzte und Untergebene auch fähig zusammenzuarbeiten.

Den Aktivitäten eines Menschen sind körperliche und geistige Grenzen gesetzt. Deswegen hat ein Mensch mit einem Körper eine Position inne, und deswegen arbeitet jemand mit einer besonderen Fähigkeit in einem bestimmten Handwerk.

Wenn ihre Kraft einer Aufgabe gewachsen ist, sehen die Menschen ihre Aufgabe nicht als Last an. Wenn ihre Fähigkeiten den Anforderungen eines Handwerks entsprechen, fällt es den Menschen nicht schwer, es auszuüben.

Die Menschen mögen sich im Boot oder im Wagen an einen bestimmten Platz begeben; obwohl sie dabei verschiedene Wege einschlagen, ist ihr Ziel dasselbe. Menschen mit zierlicher Figur haben nicht alle den gleichen Körper; Schönheiten haben nicht alle das gleiche Gesicht – aber sie alle erfreuen das Auge. Birnen, Orangen, Datteln und Kastanien unterscheiden sich zwar im Geschmack, aber sie alle sind eßbar. Es gibt Menschen, die reich werden, weil sie stehlen, aber eine reiche Person ist nicht unbedingt ein Dieb. Es gibt Menschen, die arm sind, weil sie integer sind, aber eine arme Person ist nicht unbedingt integer.

Es gibt verschiedene Möglichkeiten, Menschen einzuschätzen. Wenn sie einen hohen Rang bekleiden, dann beobachte, wofür sie eintreten. Wenn sie eine niedrige Stellung innehaben, dann beobachte, welche Arbeit sie nicht annehmen. Sind sie habsüchtig, dann beobachte, was sie zurückweisen. Sieh, wie sie Schwierigkeiten umwandeln, und du kannst ihren Mut erkennen. Erfülle sie mit Freude und Glück, und du kannst erkennen, was es mit ihrer Selbstbeherrschung auf sich hat. Vertraue ihnen Güter und Geld an, und du wirst einschätzen können, wie menschlich sie gesinnt sind. Flöße ihnen Furcht ein, und du kannst ihre Disziplin beurteilen.

Herrscher müssen Sorgfalt walten lassen, wenn sie Beamte einstellen. Werden verantwortungsvolle Stellungen den richtigen Menschen anvertraut, ist das Land geordnet und Vorgesetzte und Untergebene leben in Einklang miteinander; die Beamten sind gütig, und das gemeine Volk ist loyal. Werden verantwortungsvolle Stellungen den falschen Menschen anvertraut, dann gerät das Land in Gefahr, Vorgesetzte und Untergebene bekämpfen einander, die Beamten sind verbittert, und im gemeinen Volk herrscht Unordnung. Daher zieht eine einzige unangemessene Bestellung lebenslange Schwierigkeiten nach sich.

Ist der Herrscher wirklich aufrichtig, dann werden ehrliche Menschen mit den Geschäften betraut, und die Betrüger halten sich versteckt. Ist der Herrscher nicht aufrichtig, dann erreichen die bösen Elemente ihre Ziele, und die ehrlichen Menschen halten sich verborgen.

Laß den Herrschern Aufrichtigkeit und Gerechtigkeit als Richtschnur dienen, und Beamte, die sich mit unehrlichen Ansinnen an sie wenden, könnten genausogut Eier zerbrechen, indem sie sie gegen einen Felsen schleudern, oder versuchen, Wasser in Brand zu stecken.

Es gab einmal einen König, der fand Gefallen an schlanken Taillen; so hungerten sich die Menschen zu Tode, nur weil sie dünn werden wollten. Ein anderer König bewunderte tapfere Taten, und so brachten sich die Menschen selbst in Gefahr und trugen Duelle auf Leben und Tod aus. Wie wir aus diesen Beispielen ersehen, kann die Art und Weise, wie Autorität und Macht gehandhabt werden, leicht Moden beeinflussen und die Moral wandeln.

Wenn die Anweisungen der Führung aus Parteigängertum mißachtet und Gesetze in betrügerischer Absicht verletzt werden, dann machen sich die Intellektuellen daran, kluge Machenschaften auszuhecken, mutige Männer verwickeln sich in Kämpfe, Verwalter sehen sich als die einzige Autorität, kleinliche Bürokraten haben die Macht inne, und Cliquen buhlen um die Gunst der Führung. Dann mag der Staat zwar scheinbar Bestand haben, aber in Wirklichkeit, so würden die Alten sagen, ist er bereits untergegangen.

Wenn die Untergebenen von ihren Herrschern nicht bekommen, was sie wollen, können die Herrscher auch nicht bekommen, was sie von ihren Untertanen erwarten. Wenn Herrscher und Untertanen einander geben, so beruht dies auf Gegenseitigkeit. Erst dadurch werden die Untergebenen wirklich ihr Letztes geben und ihr Leben im Interesse ihrer Herrscher opfern, während die Herrscher zum Nutzen ihrer Untertanen Ehrungen verleihen.

So wie Herrscher unwerte Untergebene nicht belohnen können, können auch Untergebene nicht für unwerte Herrscher sterben. Wenn die von den Herrschern erwiesenen Wohltaten die Bürger nicht erreichen, die Herrscher aber das Volk benutzen wollen, ist es, als würde man einem bockenden wilden Pferd die Peitsche geben. Es ist, als würde man darauf warten, daß das Getreide reif wird, ohne daß Regen fällt – ein Ding der Unmöglichkeit.

Wenn reiche Belohnungen an jene ausgeteilt werden, die keine Verdienste aufzuweisen haben, und wenn Titel jenen verliehen werden, die nicht gearbeitet haben, dann werden jene, die ein öffentliches Amt bekleiden, ihren Dienst vernachlässigen, und Müßiggänger werden schnell Karriere machen.

Wenn Menschen hingerichtet werden, ohne ein Verbrechen begangen zu haben, und ehrliche Menschen bestraft werden, dann fühlen sich jene, die ihren Charakter bilden, nicht dazu ermutigt, Gutes zu tun, und Bösewichte werden sich keine Gedanken über ihren Verrat machen.

Unter einer erleuchteten Regierung exekutiert der Staat Verbrecher, ohne daß der Herrscher Zorn empfinden würde. Der Hof belohnt die Würdigen, ohne daß der Herrscher davon berührt wäre. Jene, die hingerichtet werden, nehmen es dem Herrscher nicht übel, weil die Strafe dem Verbrechen entspricht. Jene, die belohnt werden, schreiben es nicht dem Herrscher zu, denn sie verdanken es einzig und allein ihren eigenen Leistungen. So wissen die Menschen, daß es an ihnen liegt, ob sie bestraft oder belohnt werden.

Ohne Gelassenheit ist es nicht möglich, seinen Charakter zu bilden. Ohne Ruhe ist es nicht möglich, zu dauern. Ohne Großzügigkeit ist es nicht möglich, alle Menschen einzuschließen. Ohne Güte ist es nicht möglich, für das ganze Volk zu sorgen. Ohne Gerechtigkeit ist es nicht möglich, vernünftige Urteile zu fällen.

Daher setzt ein weiser Führer das Volk genauso ein, wie ein geschickter Handwerker das Holz bearbeitet. Groß und klein, lang und kurz – alles kann auf angemessene Art und Weise gebraucht werden. Richtmaß und Zirkel, eckig und rund – alles findet entsprechende Verwendung. Obwohl die Formen und Materialien unterschiedlich sind, gibt es nichts, das nicht nützlich wäre.

Selbst das wirksamste Gift kann in der Hand eines erfahrenen Arztes von Nutzen sein. Da nicht einmal die Rohstoffe des Waldes oder der Felder vergeudet werden dürfen, wie dürfte man dann erst Menschen zurückweisen?

Wenn also Menschen nicht an den Hof berufen und in den Provinzen geehrt werden, so bedeutet dies nicht, daß sie nicht würdig wären, sondern einzig und allein, daß die Stellen, die ihnen offen stünden, nicht für sie geeignet sind.

Jemandem, der eine weitblickende Strategie verfolgt, sollte nicht eine schnelle Entscheidung abverlangt werden. Wer nur über geringes Wissen verfügt, sollte nicht mit einer großen Aufgabe betraut werden.

Jeder Mensch hat ihm eigene Begabungen; jedes Ding hat eine ihm eigene Form. Manche finden, daß die ihnen übertragene Verantwortung für einen Menschen allein zu schwer wiegt, während andere diese Verantwortung auch noch für hundert Menschen als zu leicht empfinden.

Daher wird eine Politik, die sich in Kleinigkeiten verliert, unweigerlich den Verlust der umfassenden Integrität in der Gesellschaft bewirken. Jene, die keine Wahl versäumen, die unbedeutende Angelegenheiten betrifft, mögen eine wirklich wichtige Wahl verlieren.

Mit einem Dachs kann man keinen Ochsen einfangen; ein Tiger taugt nicht zur Mäusejagd. Die Talente der Menschen mögen heutzutage so gelagert sein, daß sie das ganze Land befrieden und sich mit fremden Völkern verbünden wollen, daß sie in Gefahr geratene Staaten schützen und sterbende Völker fortbestehen lassen wollen. Ihr Streben mag darauf gerichtet sein, den Weg zu begradigen und zu korrigieren, was schiefgegangen ist; es mag darauf abzielen, Streitigkeiten beizulegen und Ordnung in die Verwirrung zu bringen. Doch wenn persönliches Entgegenkommen von ihnen erwartet wird, dann werden gewitzte und schlaue Menschen vorwärtskommen, indem sie anderen schmeicheln und ihnen Vergünstigungen gewähren, und sie werden tun, was der Spießbürger von ihnen erwartet, um die Aufmerksamkeit der Menschen zu erregen.

Werden Menschen auf diese Art und Weise mit politischer Autorität ausgestattet, so ist das, als würde man eine Axt zum Rasieren oder ein Messer zum Bäumefällen benutzen – weder das eine noch das andere ist angebracht.

Nützliche Vorschläge sollten nicht einfach deshalb verworfen werden, weil sie von Menschen in niedrigen Positionen stammen. Genausowenig sollten nutzlose Vorschläge nicht einfach deshalb angenommen werden, weil sie von Menschen in hohen Stellungen stammen. Recht und Unrecht sind nicht eine Frage der sozialen Stellung. Erleuchtete Führer schenken ihren Ministern Gehör: lassen sich deren Pläne in die Tat umsetzen, sehen die Führer nicht wegen ihres niedrigeren Ranges auf sie herab; und wenn das, was sie sagen, Hand und Fuß hat, kümmern sich die Führer nicht darum, wie sie es sagen.

Unwissende Führer sind anders. Ihre Vertrauten und Verbündeten können noch so unaufrichtig sein, die Führer werden es nicht bemerken; Fremde und Menschen niederen Ranges mögen sich noch so loyal verhalten, die Führer werden es nicht erkennen. Jene, die etwas zu sagen haben, schikanieren sie wegen ihrer Wortwahl, während sie jene, die Kritik anmelden, bestrafen, als hätten sie ein Verbrechen begangen. Wenn du auf diese Art und Weise das Land erleuchten und die Gemeinschaften erhalten willst, ist es, als würdest du dir die Ohren zuhalten, während du Musik hörst; es ist, als würdest du dir die Augen zuhalten, während du ein Gemälde betrachtest – selbst wenn du ein gutes Gehör und gute Augen hast, wirst du meilenweit daneben liegen.

Wenn Menschen in der Lage sind, das, was ihnen selbst nicht zum Wohle gereicht, so zu benutzen, daß es anderen von Nutzen ist, so ist dies durchaus zu akzeptieren. Wenn ein Verrückter davonläuft und ihm jemand nachläuft, laufen zwar beide in dieselbe Richtung, aber sie laufen nicht aus dem gleichen Grund. Wenn ein Mensch im Wasser zu ertrinken droht und ihn jemand zu retten versucht, befinden sich beide im Wasser, aber sie sind aus verschiedenen Gründen ins Wasser gegangen.

Bedient man sich der Maßstäbe und Richtlinien einer einzigen Generation oder eines einzigen Zeitalters, um diese Welt zu lenken, so verhält es sich wie im Falle eines Reisenden, der in einem Boot unterwegs ist, in der Mitte des Flusses sein Schwert ins Wasser fallen läßt und dann den Rand des Bootes an der Stelle mit einer Kerbe markiert, wo das Schwert ins Wasser gefallen ist. Am Abend kehrt er dann ans Ufer zurück, um das Schwert im Wasser unterhalb der Kerbe zu suchen, die er in den Rand des Bootes geritzt hat. Er ist weit davon entfernt, zu verstehen, was was ist.

Folgst du Vorbildern, die sich in engen Grenzen bewegen, und verstehst es nicht, dich frei durch Himmel und Erde zu bewegen, könntest du gar nicht verwirrter sein.

Ist das Seil kurz, kann man damit nicht Wasser aus einem tiefen Brunnen ziehen, ist das Gefäß klein, hat in ihm etwas Großes keinen Platz – sowohl das Seil als auch das Gefäß sind der Aufgabe einfach nicht gewachsen.

Das Recht entspringt der Gerechtigkeit; Gerechtigkeit entspringt dem, was der Gemeinschaft angemessen ist. Was der Gemeinschaft angemessen ist, steht in Einklang mit den Herzen der Menschen. Dies ist die Essenz der Kunst des Regierens.

Wer also die Wurzel der Dinge erfaßt hat, läßt sich nicht durch die Verzweigungen verwirren, und wer erkennt, was wesentlich ist, läßt sich nicht durch Einzelheiten verwirren. Das Recht fällt nicht vom Himmel herab, und es entspringt auch nicht dem Schoß der Erde. Es entwickelt sich unter den Menschen und mündet darein, daß es sich selbst richtigstellt.

Daher leugnen jene, die es in sich selbst tragen, es nicht in den anderen; jene, denen es selbst fehlt, suchen es nicht in den anderen. Was für niedrigere Ränge festgelegt wurde, darf auf höheren Rängen nicht vernachlässigt werden, und was dem Volk verboten ist, darf dem Herrscher nicht gestattet sein.

Ein sogenannter verlorener Staat ist nicht einer, dem

der Herrscher fehlt, sondern einer, dem das Recht fehlt. Rechtsverdrehung bedeutet nicht, daß kein Recht existiert, sondern daß ein Recht besteht, aber nicht zur Anwendung kommt. Daher ist es, als gäbe es kein Recht.

Wenn also die Herrscher ein Rechtssystem errichten, handeln sie selbst als Vorbilder und Modelle. Aus diesem Grund werden ihre Anweisungen im ganzen Land befolgt.

Konfuzius sagte: «Wenn die Menschen selbst aufrecht sind, dann folgen ihnen die anderen, selbst wenn sie es ihnen nicht befehlen. Wenn Menschen aber nicht aufrecht sind, werden ihnen die anderen nicht folgen, auch wenn sie es ihnen befehlen.» Wenn sich also die Führer selbst den Regelungen unterwerfen, dann führt das Volk auch ihre Anweisungen aus.

In einem idealen Staate werden über jene, die eine hohe soziale Stellung innehaben, keine leichteren Strafen verhängt, und über jene, die eine niedrige soziale Stellung innehaben, werden keine strengeren Strafen verhängt. Jene, die das Gesetz brechen, werden bestraft, auch wenn sie sonst gute Menschen sind, während jene, die das Gesetz respektieren, nicht bestraft werden, auch wenn sie sonst nichtswürdig sind. So wird der Weg der Gemeinschaft gefördert, während der Weg der persönlichen Vorlieben unterbunden wird.

In der Vorzeit wurden Arbeitsaufseher eingestellt, um sicherzustellen, daß das Volk nicht nachlässig würde. Führer wurden eingesetzt, um sicherzustellen, daß die Arbeitsaufseher nicht willkürlich handelten. Das

Recht bedient sich der sozialen Ordnung, des Pflicht-
gefühls und der Gerechtigkeit, um den Herrscher davon abzuhalten, willkürliche Entscheidungen zu fällen.

Wenn Menschen ihren persönlichen Launen nicht
nachgeben können, dann herrscht der WEG vor. Wenn
der WEG vorherrscht, dann ist Ordnung erreicht. So
findet eine Rückkehr zum ungekünstelten Handeln
statt.

Ungekünsteltes Handeln bedeutet nicht unfruchtba-
res Nichthandeln. Es ist ein Begriff, der ausdrücken
will, daß nichts aus dem Ego kommt.

Die Regierenden schätzen Selbstgerechtigkeit nicht;
sie schätzen es, wenn es unmöglich ist, etwas Falsches
zu tun. Daher heißt es: «Statt Ehrgeiz zu unterbinden,
sorge dafür, daß es nichts gibt, was es sich zu wünschen lohnte; statt Streit zu unterbinden, sorge dafür,
daß es nichts gibt, was es sich zu beanspruchen
lohnte.» Auf diese Art und Weise lassen sich die Begabungen der Menschen erkennen, und Gerechtigkeit
wird verwirklicht. Jene, die über mehr als genug verfügen, halten beim rechten Maße inne, während jene,
die über weniger als genug verfügen, Beschäftigung
finden. So kann das Land geeint werden.

Wenn Freude und Zorn im Herzen aufkommen und
Wünsche sich im Äußeren zeigen, dann wenden sich
jene, die Ämter innehaben, von ihrer Rechtschaffenheit ab und schmeicheln sich bei ihren Vorgesetzten
ein; Verwalter beugen das Gesetz und schließen sich
dem Zug der Zeit an. Belohnungen entsprechen nicht
den Verdiensten; Strafen entsprechen nicht den Ver-

brechen. Vorgesetzte und Untergebene entfremden sich einander; Herrscher und Minister zürnen einander. Wenn also jene, die mit den politischen Angelegenheiten betraut sind, um die Gunst der Herrscher buhlen, werden sie keiner Fehler bezichtigt und nicht für ihre Verbrechen bestraft. Dann herrscht Unordnung in der Regierung, die auch Weisheit nicht beseitigen kann; Verleumdung und Lobhudelei keimen auf, die auch Geistesschärfe nicht klären kann. Wenn keine Richtigstellung der Grundlagen und keine Rückkehr zum Natürlichen stattfindet, werden die Führer unter einer immer größeren Belastung stehen, während die Verwalter immer nachlässiger werden.

Wer seine Fähigkeiten einsetzt, um sich Macht zu erkämpfen, beginnt in der Sonne und endet im Schatten. Wer Schläue benutzt, um Länder zu regieren, beginnt in der Ordnung und endet im Chaos.

Laß das Wasser abwärts fließen, und niemand kann ihm Einhalt gebieten; soll es hingegen nach oben gelenkt werden, bedarf es eines Ingenieurs. Daher ist das Wesentliche verschleiert, wenn Äußerlichkeiten vorherrschen; sind die Unaufrichtigen schlau, dann sind die Aufrichtigen behindert.

Tugend kann dazu benutzt werden, den eigenen Charakter zu bilden; sie kann nicht dazu benutzt werden, andere zu Gewaltakten zu veranlassen. Der Weg kann dazu benutzt werden, sich selbst zu lenken; er darf nicht dazu benutzt werden, andere zu aufsässigem Verhalten anzustiften. Auch wenn man über die Fähigkeiten eines Weisen verfügt, kann man sich in einem schwierigen Zeitalter der Gewalt und des Chaos zwar selbst schützen, aber man kann allein dadurch in solcher Zeit nicht Herrschaft ausüben.

67

Der WEG des Führens liegt nicht im Handeln, sondern im Nichthandeln. Was bedeutet Nichthandeln? Es bedeutet, daß der Wissende sich in seinem Handeln nicht nach der Stellung richtet, daß der Gütige sich in seiner Freigebigkeit nicht nach der Stellung richtet, und daß der Kühne nicht aufgrund der Stellung Gewalt anwendet. Dies nennt man Nichthandeln.

Wird eine Führung eingesetzt, die das Volk einen soll, dann herrscht Ordnung, wenn die Führung geschlossen und konsequent ist, und es herrscht Unordnung, wenn es der Führung an Geschlossenheit und Konsequenz mangelt.

Finde die Quelle des Schicksals, beherrsche deine Launen, bringe deine Vorlieben und Abneigungen unter Kontrolle, passe deine Gefühle und dein Gemüt den Umständen an, und der WEG des Regierens ist erreicht.

Findest du die Quelle des Schicksals, können dich weder Unheil noch Glück in Verwirrung stürzen. Beherrschst du deine Launen, wirst du weder Zorn noch Freude zufällig empfinden. Bringst du deine Vorlieben und Abneigungen unter Kontrolle, so begehrst du nicht, was ohne Nutzen ist. Paßt du deine Gefühle und dein Gemüt den Umständen an, dann sind deine Wünsche nicht maßlos.

Wenn dich weder Unheil noch Glück in Verwirrung stürzen können, folgen dein Handeln und dein Ruhen der Vernunft. Wenn du weder Freude noch Zorn zufällig empfindest, sind deine Belohnungen und Strafen nicht unangemessen. Wenn du nichts begehrst, was ohne Nutzen ist, verletzt du deine Natur nicht durch deine Begierde. Wenn deine Wünsche nicht maßlos sind, entwickelst du deine Natur und erfährst Zufriedenheit.

Diese vier Dinge findest du nicht im Äußeren, du erhältst sie auch nicht von anderen Menschen. Du verwirklichst sie in deinem eigenen Inneren.

Wenn Güte zu weit geht, schlägt sie um in Schwäche; bist du schwach, so mangelt es dir an Würde. Wenn Strenge zu weit geht, schlägt sie um in Roheit; bist du roh, so mangelt es dir an Zartgefühl. Wenn eine Vorliebe zu weit geht, schlägt sie um in Schwelgerei; schwelgst du in etwas, so mangelt es dir an Autorität. Wenn das Strafen zu weit geht, schlägt es um in Grausamkeit; bist du grausam, so hast du keine Freunde.

Wenn jene, die den WEG nicht kennen, sehen, wie das Nachgiebige und Sanfte angegriffen wird, dann wollen sie hart und stark sein. Wenn sie sehen, wie das Harte und Starke zugrunde geht, dann wollen sie nachgiebig und sanft sein. So verhalten sich die, denen die Grundlage fehlt, die es ihnen erlauben würde, von innen heraus zu regieren, während ihr Sehen und Hören verwirrt nach außen gerichtet ist. Deshalb nimmt ihr ganzes Leben einen ungeregelten Verlauf.

Recht und Unrecht hängen von der jeweiligen Situation ab. In der entsprechenden Situation ist nichts unrecht. Ohne die entsprechende Situation ist nichts recht.

Was in einem Fall recht ist, ist nicht gleich dem, was in einem anderen Fall recht ist; was in einem Fall unrecht ist, ist nicht gleich dem, was in einem anderen Fall unrecht ist.

Heutzutage preisen die Sittenprediger die Kultur des Altertums, aber sie setzen sie nicht in die Tat um; so sprechen sie von etwas, das sie nicht praktizieren. Sie kritisieren die Gegenwart, aber verbessern sie nicht; so tun sie, was sie kritisieren. Daher mögen sie all ihre Macht und all ihre Überlegungen einsetzen, doch wird es der gesellschaftlichen Ordnung nichts nützen; sie mögen ihren Geist und ihr Wissen erschöpfen, aber es wird dem Zeitalter nicht helfen. Zeitgenössische Künstler lieben es, Geister und Dämonen darzustellen, nicht aber Hunde und Pferde. Warum? Weil Geister und Dämonen nicht in jedem Zeitalter auftreten, während man Hunde und Pferde jeden Tag sehen kann.

Eine Gefahr kann man nicht überleben und Unordnung kann man nicht beenden, wenn es einem an Weisheit mangelt. Ginge es nur darum, Althergebrachtem zu folgen, dann hätten auch Narren mehr als genug davon. Daher setzen erleuchtete Führer keine sinnlosen Gesetze durch und schenken kraftlosen Worten kein Gehör.

Geburt und Reifung benötigen die Lebensenergie, die aus Harmonie erwächst. Deswegen ist der Weg der Weisen breit, aber doch fordernd, er ist streng, aber doch warm, er ist sanft, aber doch direkt, er ist kraftvoll, aber doch menschlich. Was allzu hart ist, bricht;

was allzu weich ist, biegt sich. Weise bewegen sich zwischen Härte und Weichheit und finden so zur Wurzel des Tao.

Es gibt drei Gefahren auf der Welt: Viele Privilegien und wenige Tugenden zu haben, ist die erste Gefahr. Eine hohe Stellung innezuhaben, aber nur über geringe Fähigkeiten zu verfügen, ist die zweite Gefahr. Einen hohen Lohn zu erhalten, ohne selbst viel zu vollbringen, ist die dritte Gefahr. Daher «mag es sein, daß Menschen durch Verlust gewinnen und durch Gewinn verlieren».

Etwas, was du um seiner Vorteile willen begehrst, mag sich als schädlich herausstellen, während etwas, das dazu bestimmt ist, andere zu verletzen, ihnen im Gegenteil helfen mag. Es ist unumgänglich, die Kehrseite von Nutzen und Schaden zu prüfen, das Tor von Unheil und Heil.

Lob kann Menschen Schwierigkeiten bereiten; Kritik kann ihnen helfen.

Jeder will Probleme lösen können, aber in Wirklichkeit weiß niemand, wie man verhindern könnte, daß Probleme überhaupt entstehen. Es ist einfacher, Probleme am Entstehen zu hindern, als sie zu lösen, aber in Wirklichkeit weiß niemand, wie man dies erreichen könnte. Daher kann man mit niemandem über solche Künste sprechen.

Wer das Tao verwirklicht hat, kann in vollendeter Weise auf das Unerwartete reagieren und Schwierigkeiten aus dem Weg gehen, sobald er auf sie stößt.

Seeleute, die sich verirrt haben und nicht mehr wissen, in welche Richtung sie steuern sollen, brauchen nur auf den Nordstern zu schauen, um es zu wissen. Die wahre Natur ist der Nordstern der Menschen. Gelingt es den Menschen, sich selbst zu sehen, dann werden sie die Gefühle der anderen verstehen. Gelingt es ihnen nicht, sich selbst zu sehen, werden sie beunruhigt sein und in Verwirrung leben.

Gibst du deinen Begierden so weit nach, daß du deiner wahren Natur verlustig gehst, ist nichts mehr richtig, egal, was du auch tun magst: Versuchst du, dich auf diese Art und Weise zu schulen, so bringst du dich in Gefahr; wird eine Nation auf diese Art und Weise regiert, so führt das ins Chaos; greift man auf diese Art und Weise zu den Waffen, so führt es zur Niederlage. Daher verfügen jene, die nicht vom Weg des Tao hören, über keine Möglichkeit, ihre wahre Natur zu nähren.

Wenn jene, die ein Land betreten, dessen Gebräuchen folgen, und wenn jene, die ein Heim besuchen, dessen Gepflogenheiten respektieren, können sie kommen, ohne die Regeln zu verletzen, und gehen, ohne Ärgernis zu erregen.

Die Etikette ist nichts als die Verzierung des Wesentlichen; Menschlichkeit ist eine Auswirkung von Anstand. Daher hängt die Etikette von menschlichen Gefühlen ab und schneidert Verzierungen für sie, während Menschlichkeit sich in der Art und Weise zeigt, wie Menschen ausschauen. Wenn die Etikette nicht das Wesentliche übertüncht und Menschlichkeit nicht bedeutet, zu viel zu geben, dann ist das der Weg einer geordneten Gesellschaft.

In Übereinstimmung mit der Natur zu handeln, das ist der WEG. Die himmlische Natur erlangen nennt man Tugend. Wenn die Natur verlorengegangen ist, wird Menschenfreundlichkeit großgeschrieben. Wenn der WEG verlorengegangen ist, wird Pflichterfüllung hochgehalten. Wenn sich also Menschenfreundlichkeit und Pflichterfüllung breitmachen, dann haben sich der WEG und seine Tugend verlagert; wenn Rituale und Musik als Beiwerk dienen, ist die reine Schlichtheit verlorengegangen. Wenn Recht und Unrecht definiert werden, ist das einfache Volk geblendet; wenn Perlen und Jade hochgeschätzt werden, liegen alle im Wettstreit miteinander.

Wenn sich das Wasser ansammelt, bringt es räuberische Fische hervor. Wenn sich die Erde aufhäuft, bringt sie menschenfressende Bestien hervor. Wenn Riten und Pflichten zum Schmuck werden, bringen sie gekünstelte und scheinheilige Menschen hervor.

Menschen fühlen sich wohl in geräumigen Häusern, aber Vögel sind unglücklich, wenn sie dort hineingeraten. Tiefe Bergwälder erfreuen Tiger und Leoparden, aber Menschen fürchten sich, wenn sie hineingeraten. Tiefe Teiche eignen sich für Schildkröten, aber

Menschen ertrinken in ihnen. Klassische Musik ergötzt die Menschen, aber Vögel versetzt sie in Angst und Schrecken. Bäume, die auf überhängenden Klippen wachsen, machen den Affen Spaß, aber Menschen wären wie versteinert, müßten sie darauf klettern. Die Formen ändern sich, und die Veranlagungen unterscheiden sich; was erfreulich wirkt, kann auch Unglück bedeuten, und was sicher wirkt, kann auch gefährlich sein.

Kultivierte Menschen können nur in Gerechtigkeit leben; wenn die Gerechtigkeit fehlt, verlieren sie ihre Daseinsgrundlage. Unentwickelte Menschen leben nur durch ihre Wünsche; wenn ihre Wünsche nicht befriedigt werden, ist es ihnen unmöglich, weiterzuleben. Kultivierte Menschen fürchten den Verlust der Gerechtigkeit; unentwickelte Menschen fürchten den Verlust materieller Vorteile. Indem du beobachtest, was die Menschen fürchten, kannst du sie unterscheiden.

Reich sind die Belohnungen, die den Großzügigen erwarten; groß ist das Unheil, das dem Nachtragenden droht. Niemals noch konnte einer, der wenig gab, viel erhoffen; noch nie hatte einer, der nachtragend war, keine Schwierigkeiten. Indem du also in den Ursprung der Handlungen der Menschen schaust, kannst du die Auswirkungen ihres Handelns vorhersagen.

Der WEG der Weisen ist, als würde an einer Straßenkreuzung ein Krug Wein aufgestellt: Die Vorbeikommenden schöpfen mehr oder weniger daraus, je nach ihren persönlichen Bedürfnissen. Daher kannst du auf die Art und Weise, auf die du eine Person gewinnst, auch hundert Personen gewinnen. Wenn Menschen all jene, die unter ihnen stehen, genauso behandelten, wie sie es sich von jenen über ihnen erwarten, wer wäre dann nicht dankbar? Wenn Menschen für jene über ihnen genauso arbeiteten, wie sie es von denen unter ihnen erwarten, wer wäre dann nicht erfreut?

Ein weiser König der Vorzeit sprach folgende Warnung aus: «Gehe achtsam mit jedem Tag um, der vorbeigeht, laß größtmögliche Sorgfalt walten. Niemand stolpert über einen Berg, aber Menschen straucheln über Ameisenhaufen.» Die Tatsache, daß Menschen normalerweise kleine Probleme und nichtige Angelegenheiten vernachlässigen, ist der Grund dafür, daß sie so viel zu bedauern haben. Klagst du über ein Mißgeschick, nachdem es passiert ist, bist du wie ein kranker Mann, der sich erst dann einer guten Behandlung unterzieht, wenn sein Zustand bereits kritisch geworden ist.

Wann immer Menschen Unternehmungen in Angriff nehmen, so beginnen sie allemal damit, daß sie ihr Wissen einsetzen, um die Situation abzuschätzen und zu beurteilen; erst dann wagen sie es, ihre Strategie festzulegen. Dies mag sich als günstig herausstellen, oder es mag sich als nachteilig erweisen. Das ist der Unterschied zwischen dem Toren und dem Weisen.

Es ist ganz natürlich, daß man Weisheit als den Schlüsselfaktor in der Frage von Überleben oder Zerstörung betrachtet, als das Tor von Glück und Unglück. Zahllos sind jene, die aufgestanden sind und versucht haben, Weisheit einzusetzen, die dann aber gestrauchelt und in Schwierigkeiten untergegangen sind.

Wenn du wüßtest, wie du tun kannst, was recht ist, dann könnten Unternehmungen vollbracht werden. Dies ist ein Weg, den alle auf der Welt beschreiten könnten.

Weisheit und Überlegung sind also Tür und Tor von Glück und Unglück. Handeln und Ruhen sind der Angelpunkt von Gewinn und Verlust. Nur wenn eine Zeit des Wartens verstrichen ist, können sich die Entwicklung der Dinge und die Regierung von Staaten vollenden. Jene, die nicht in Schwierigkeiten untergehen, haben Erfolg; daher ist es unumgänglich, Vorsicht walten zu lassen.

In einer verwirrten Nation werden jene belohnt, die jeder lobt, selbst wenn sie nichts getan haben, wofür sie eine Belohnung verdient hätten.

Der WEG der Herrscher besteht darin, ruhig zu leben, um ihren Charakter zu bilden, und genügsam zu leben, um die Untergegebenen führen zu können. Wenn Herrscher ruhig leben, werden die Untergebenen nicht ruhelos sein; wenn Herrscher genügsam leben, werden die Bürger an nichts Anstoß nehmen.

In einer verderbten Gesellschaft zehren jene, die im Besitz der Reichtümer des Landes sind und die Macht über die anderen haben, von der Energie des gemeinen Volkes, um ihre eigenen sinnlichen Begierden zu befriedigen.

Willst du die Entwicklung der Menschheit vorantreiben und auf die Zeitströmungen Einfluß nehmen, indem du innerhalb einer einzigen Generation einen Umschwung herbeiführst, ist es, als würdest du dich im Winter in Leinen und im Sommer in Leder kleiden. Du kannst den Pfeil nicht hundertmal auf das gleiche Ziel abschießen; du kannst mit einer Garnitur Kleider nicht durch ein ganzes Jahr kommen. Dein Ziel muß sich dem Hohen und dem Tiefen anpassen; deine Kleidung muß sich für Kälte und Hitze eignen.

Wenn also eine andere Generation nachkommt, verändern sich die Dinge; im Laufe der Zeit wandeln sich die Sitten. Daher betrachten die Weisen die Gesellschaft, wenn sie Gesetze festlegen, und sie leiten Unternehmungen in Einklang mit den Erfordernissen der Zeit ein. Wenn also Unterschiede zwischen den Gesetzen der erleuchteten Führer bestehen, so ist dies nicht auf bewußte Versuche, einander zu widersprechen oder umzustoßen, zurückzuführen; sie sind auf die Unterschiede, die in den Zeiten und den Gesellschaften bestehen, zurückzuführen. Das ist der Grund, warum sie nicht die bereits vorhandenen Gesetze als Richtmaß nahmen, sondern die Grundregeln selbst, durch die Gesetze Gesetze sind, zu ihrem Richtmaß machten. Der Grund dafür, daß Gesetze Gesetze sind, ist die Art und Weise, wie sie sich entsprechend der Entwicklung verändern. Den größten Wert haben jene, die sich den Entwicklungen gemäß wandeln können.

Erlaube dem einzelnen, seiner Natur zu folgen, laß ihn sich sicher in seinem Zuhause fühlen und laß ihn leben, so gut er kann; erlaube ihm, seine Fähigkeiten voll auszuschöpfen. So wird sich herausstellen, daß selbst der Unfähigste über starke Seiten verfügt und daß selbst der Intelligenteste seine Schwächen hat.

Pferde eignen sich nicht, will man schwere Lasten transportieren; Ochsen eignen sich nicht, will man jemanden jagen, der schnell ist. Blei eignet sich nicht, will man Schwerter schmieden; Bronze eignet sich nicht, will man Bögen herstellen. Eisen eignet sich nicht, will man Boote bauen; Holz eignet sich nicht, will man Töpfe herstellen. Verwende alle Dinge und alle Wesen angemessen, setze sie dort ein, wo ihre Fähigkeiten gebraucht werden, und alle sind einander gleich.

Dinge sind nicht wertvoll oder wertlos; Menschen sind nicht hochgestellt oder niedriggestellt. Wenn alle Dinge und Wesen dafür geschätzt werden, was wertvoll an ihnen ist, dann sind sie alle wertvoll. Wenn alle Dinge und Wesen dafür erniedrigt werden, was niedrig ist an ihnen, dann sind sie alle wertlos. Unbearbeitete Jade kann nicht dick genug sein, eine Schwertspitze kann nicht dünn genug sein. Lack kann nicht schwarz genug sein, Puder kann nicht weiß genug sein. Dies sind Gegensätze, aber sie gleichen sich in dem, was man von ihnen fordern kann, und in ihrer Funktion.

In den ersten Frühlingstagen dürfen keine Bäume gefällt, keine Nester gestört, keine trächtigen Tiere getötet und keine Vogeleier gestohlen werden.
Mitten im Frühling darf aus Flüssen und Sümpfen kein Wasser entnommen werden, Teiche dürfen nicht

trockengelegt und Bergwälder nicht abgebrannt werden. Keine größeren Arbeiten, die die Landwirtschaft beeinträchtigen würden, dürfen in Angriff genommen werden.

Im späten Frühling repariere Dämme, öffne Kanäle und reinige die Straßen. Gestatte es nicht, daß die Maulbeerbäume beschnitten werden. Fördere die Heimarbeit und wache darüber, daß alle Handwerksarbeiten von hoher Qualität sind.

Im frühen Sommer solltest du keine Vorhaben beginnen, die Erdbewegungen mit sich bringen, und keine großen Bäume umschneiden. Unterstütze die Arbeit auf dem Feld und verhindere, daß Tiere dem Getreide Schaden zufügen. Sammle Heilkräuter und lagere sie ein.

Mitten im Sommer verbrenne keine Kohle und bleiche kein Leinen an der Sonne. Laß Dörfer und Städte offenbleiben und treibe keine Steuern und Zölle auf Güter ein. Erinnere dich der Witwen und Witwer und hilf ihnen, ihren Verlust zu überwinden.

Während die Tage länger werden, liegen Yin und Yang im Kampf miteinander, Leben und Tod scheiden sich. Kultivierte Menschen regulieren dann ihre Ernährung und ihr Verhalten und achten darauf, nicht überaktiv zu sein, sie halten Maß in ihren sinnlichen Freuden und nehmen leichte Speisen zu sich.

Im späten Sommer fangen die Fischer riesige Fische und Schildkröten, und die Förster bringen Bauholz und Dachstroh ein. Die Menschen widmen sich wohltätigen Aktivitäten, sie erweisen den Toten die Ehre, besuchen die Kranken und kümmern sich um die Alten.

Zu dieser Zeit stehen die Bäume voll in Saft und sollten daher nicht geschnitten werden. Außerdem sollten keine umfangreichen Bauarbeiten, Kundgebungen und militärische Aktionen unternommen werden.

Bei Herbstbeginn setzt die Ernte ein. Stell sicher, daß die Schutzdämme in gutem Zustand sind, so daß sie gegen unerwartete Überschwemmungen gewappnet sind. Befestige die Stadtmauern und setze Gebäude und Häuser instand.

Die Herbstmitte ist die richtige Zeit für städtebauliche Projekte. Grabe Entwässerungskanäle und repariere die Getreidespeicher. Lagere die Ernte des Sommers ein und säe den Weizen für den Frühling. Vereinheitliche die Maße: Eiche die Waagen und stelle Maße und Gewichte richtig. Reguliere die Zölle und Märkte, erlaube es den fahrenden Händlern, ihre Waren zum Wohle der Menschen ins Land zu bringen.

Im Spätherbst üben sich die Jäger im Umgang mit ihren Waffen, und Zeremonien zum Besänftigen der Tiere werden abgehalten. Das Unterholz wird geschnitten und zu Holzkohle verarbeitet; Wege werden geöffnet und Landstraßen freigemacht.

Im frühen Winter ehre die Toten und besinne dich der Waisen und Witwen. Blick in die Zukunft, um zu erschauen, was vor dir liegen mag. Lege Vorräte für den Winter an, bessere die Außenmauern aus, durchstreife die Straßen, repariere die Riegel, paß auf die Schlüssel auf und schließe wertvolle Papiere ein. Setze die Grenzbefestigungen wieder instand und sperre kleine Wege.

Im tiefen Winter sollten keine größeren Aushubarbeiten, Bauarbeiten oder andere Unternehmungen, die den Einsatz vieler Arbeitskräfte verlangen, vorgenommen werden. Diebe sollten sofort festgenommen und liederliche, betrügerische Künstler unverzüglich bestraft werden. Laß Wachen in den Straßen patrouillieren, wache über dein Haus, verstärke deine Sicherheitsvorkehrungen und widme dich den Frauen.

Zu dieser Zeit sind die Tage am allerkürzesten. Kultivierte Menschen regulieren ihre Nahrungsaufnahme und ihr Verhalten, ziehen sich zurück und pflegen die Stille. Sie enthalten sich der sinnlichen Reize und lassen den Körper ruhen, um sich körperlich und geistig ins Gleichgewicht zu bringen.

Im späten Winter beginnen die Fischer ihre Netze auszuwerfen, die Bauern bereiten die Samen vor, planen das Pflügen, reparieren die Pflugscharen, stellen die Hacken bereit und sammeln Feuerholz. Den Bauern muß es erlaubt werden zu ruhen, sie dürfen nicht zur Arbeit gezwungen werden. Die Menschen bezeugen ihren Respekt für die Berge, Wälder und Flüsse.

Was Auge und Ohr wahrnehmen, genügt nicht, um das innere Muster der Dinge zu erkennen; intellektuelle Abhandlungen reichen nicht aus, um über Recht und Unrecht zu entscheiden. Wer seinen Verstand benutzt, um zu regieren, dem wird es schwerfallen, ein Land aufrechtzuerhalten; nur jenem, der die universelle Harmonie schaut und sich sein spontanes Reagieren bewahrt, wird dies gelingen.

Über die Kriegsführung

Wer in Übereinstimmung mit dem Tao den menschlichen Führern
    beisteht,
vergewaltigt die Welt nicht durch den Gebrauch von Waffen,
denn ein solches Tun führt immer zu Fehlschlägen.
Dornen und Disteln wachsen, wo eine Armee gehaust hat;
auf einen Krieg folgen immer Jahre der Not.
Daher sind die Tüchtigen wirksam, das ist alles;
sie maßen sich nicht an,
dadurch die Macht an sich zu reißen.

Laozi, *Daodejing*

Jene, die in alten Zeiten zu den Waffen griffen, taten es nicht, um ihr Territorium auszuweiten oder um Reichtümer anzuhäufen. Sie taten es, um das Überleben und Fortbestehen des Landes zu sichern, das am Rande der Zerstörung und Auslöschung stand. Sie taten es, um Unordnung aus der Welt zu schaffen und um dem ein Ende zu setzen, was dem gemeinen Volk schadete.

Weise Menschen gehen mit Waffen um, als würden sie Haare kämmen oder junge Pflanzen auslichten: Einige wenige werden zum Wohle der Mehrheit geopfert. Kein Schaden ist größer, als wenn unschuldige Menschen getötet und ungerechte Herrscher unterstützt werden. Es gibt kein größeres Unglück, als die Ressourcen der Welt auszubeuten, nur damit die Begierden eines einzelnen befriedigt werden können.

Die Menschen haben Bedürfnisse, was Nahrung und Kleidung betrifft, die materielle Dinge nicht befriedigen können. Wenn sie also zusammenleben, teilen sie nicht gerecht. Wenn sie nicht bekommen, was sie wollen, fangen sie an zu kämpfen. Wenn sie kämpfen, unterdrückt der Starke den Schwachen, und der Mutige überrennt den Schüchternen.

Als gierige und unersättliche Menschen die Welt plünderten, befanden sich die Menschen in Aufruhr und konnten sich nicht einmal in ihren Häusern sicher fühlen. Es gab weise Menschen, die aufstanden und die Gewalttätigen und Ungestümen niederschlugen. Sie ordneten das Chaos dieser Zeit, glichen Ungleiches aus, beseitigten die Verschmutzung, brachten Klarheit ins Durcheinander und gaben denen wieder Sicherheit, die sich in Gefahr befanden. Dadurch war es der Menschheit möglich, zu überleben.

Erfolgreiche Führer erwägen ihre militärischen Operationen auf philosophische Art und Weise, sie planen sie strategisch und finden gerechte Unterstützung. Sie sind nicht darauf gerichtet, zu zerstören, was existiert, sondern zu erhalten, was vom Untergang bedroht ist. Wenn solche Führer also hören, daß ein benachbarter Staat sein Volk unterdrückt, heben sie Armeen aus, stellen sie an der Grenze auf und werfen dem Nachbarstaat Ungerechtigkeit und Übergriffe vor.

Wenn die Armeen die Vororte erreichen, sagen die Kommandanten zu ihren Truppen: «Fällt keine Bäume, stört nicht die Ruhe der Friedhöfe, verbrennt kein Getreide und zerstört nicht die Lagerhäuser, setzt keine gewöhnlichen Bürger gefangen und stehlt keine Haustiere.»

Dann erfolgt die Ankündigung: «Der Herrscher dieses oder jenes Staates fordert den Himmel und seine Geister heraus, indem er Unschuldige ins Gefängnis wirft und hinrichten läßt. Er steht als Verbrecher vor dem Himmel und ist ein Feind seines Volkes.»

Das Vordringen der Armee soll den Ungerechten vertreiben und den Tugendhaften wieder einsetzen. Jene, die die Plünderer des Volkes anführen und so der Natur trotzen, finden selbst den Tod, und ihre Familien werden ausgelöscht. Jene, die ihre Familien zur Vernunft bringen, werden mitsamt ihrer Familie freigelassen; jene, die ihre Dörfer und Städte zur Vernunft bringen, werden mit den Dörfern und Städten belohnt; jene, die ihre Landkreise zur Vernunft bringen,

werden mit den Landkreisen belehnt; und jene, die
ihre Staaten zur Vernunft bringen, werden in ihren
Staaten in den Adelsstand erhoben.

Wird ein Land erobert, so betrifft dies nicht unmit-
telbar die Bevölkerung; durch die Eroberung wird die
Führung entfernt und die Regierung ausgewechselt,
die hervorragenden Ritter werden geehrt, die Weisen
und Guten treten an die Öffentlichkeit, den Waisen
und Verwitweten wird geholfen, die Armen und Mit-
tellosen werden barmherzig behandelt, Gefangene
kommen frei und Verdienstvolle erhalten die ihnen zu-
stehenden Belohnungen. Die Bauern erwarten solche
Heere mit offenen Armen; sie halten Nahrung bereit,
um ihnen Nachschub zu verschaffen, und fürchten
nur, daß sie *nicht* kommen könnten.

Wenn also die Führung ohne innere Lenkung ist,
dann hofft das Volk auf eine militärische Aktion, so
wie es während einer Trockenheit auf Regen hofft, um
seinen Durst zu stillen. Wer wird unter diesen Bedingungen mit einer gerechten Armee das Schwert kreuzen? Die höchste Vollendung, die eine gerechte militärische Aktion erreichen kann, besteht darin, daß die
Mission ohne Kampf beendet wird.

Was die kriegerischen Auseinandersetzungen in unseren späteren Tagen betrifft, so errichten alle Herrscher Befestigungen zu ihrer Verteidigung, obwohl sie
ohne innere Führung sind und den WEG nicht kennen.
Und wenn sie einen Angriff starten, dann nicht, um
die Gewalttätigen aufzuhalten und die Zerstörerischen
zurückzudrängen, sondern um in ein Land einzufallen
und ihr Territorium zu erweitern.

Dies ist der Grund dafür, warum es so weit kommt,
daß Leichen herumliegen und ihr Blut den Boden bedeckt, und doch zeigen sich nur selten erfolgreiche
Führer. Dies liegt an ihrem eigenen willkürlichen

Handeln; solche Führer handeln um ihres eigenen Vorteils willen.

Wer Krieg führt, um Land zu erobern, kann nicht wirklich König dieses Landes werden; wer in seinem eigenen Interesse Krieg führt, kann nicht den Bestand seiner Errungenschaften sichern.

Viele Menschen helfen jenen, die Projekte zur Unterstützung anderer initiieren; viele Menschen wenden sich von jenen ab, die Projekte, die ihnen selbst nutzen, ins Leben rufen.

Jene, denen die Mehrheit hilft, werden mit Sicherheit stark sein, auch wenn sie selbst schwach sind, während jene, die die Mehrheit gegen sich haben, mit Sicherheit zugrunde gehen, egal wie großartig sie selbst sind.

Wenn Armeen des Tao verlustig gehen, sind sie schwach; wenn sie den WEG verwirklichen, sind sie stark. Wenn Generäle des Tao verlustig gehen, sind sie unfähig; wenn sie den WEG verwirklichen, sind sie fähig. Wenn Staaten das Tao verwirklichen, überleben sie, wenn sie des WEGES verlustig gehen, sind sie dem Untergang preisgegeben. Den WEG gehen bedeutet das Runde verkörpern und dem Eckigen nacheifern, sich vom Dunkel abwenden und das Licht in sich aufnehmen. Es bedeutet, kulturell flexibel und militärisch standhaft zu sein, zurückhaltend zu handeln und doch Erleuchtung zum Ausdruck zu bringen. Den WEG gehen bedeutet sich wandeln und transformieren, ohne sich festzulegen, und die Quelle des Einsseins zu erlangen und dadurch unvoreingenommen zu reagieren. Das ist die Verwirklichung spiritueller Erleuchtung.

Das Runde ist der Himmel; das Eckige ist die Erde. Der Himmel ist rund und ohne Begrenzung, daher kannst du seine Form nicht wahrnehmen. Die Erde ist eckig und hat doch kein Ende, daher kann niemand ihr Tor schauen. Der Himmel nährt das Erschaffen, ohne Form zu haben; die Erde läßt wachsen, ohne berechnend zu sein. Wer weiß, was in der Weite ihrer Ganzheit verborgen liegt?

In einer militärischen Aktion, die den Geist des WEGES verkörpert, werden die Streitwagen nicht in Bewegung gesetzt, die Pferde nicht gesattelt, kein Trommelwirbel ertönt, und die Banner werden nicht entrollt. Pfeile werden nicht abgeschossen, und an den Schwertern bleibt kein Blut kleben. Am Hofe werden keine Ränge verändert, die Händler verlassen nicht die Märkte und die Bauern nicht die Felder.

Wenn ein dringender Ruf nach Gerechtigkeit ertönt, schließen sich die großen Nationen zusammen, und die kleinen folgen ihnen. Dies alles gründet sich auf den Willen des Volkes, das sich von Plünderern und Räubern befreien will.

All jene, die gemeinsame Interessen verfolgen, werden gemeinsam sterben; jene, die die gleichen Gefühle hegen, werden sich gemeinsam entfalten; jene, die von den gleichen Wünschen getrieben sind, werden gemeinsam streben; jene, die ihre Abneigungen teilen, werden einander hilfreich zur Seite stehen. Bewegst du dich in Übereinstimmung mit dem WEG, wird dir die Welt antworten; nimmst du Rücksicht auf die Interessen des Volkes, dann wird die Welt für dich kämpfen.

Stellen Jäger einem Wild nach, dann reiten die einen, und die anderen gehen zu Fuß, aber jeder gibt sein Letztes. Niemand droht ihnen Strafen an, und doch helfen sie einander, das Dickicht zu durchdringen, denn sie verfolgen gemeinsame Interessen.

Überqueren sie im selben Boot einen Fluß, und es wird von einer Bö erfaßt, dann werden die Kinder von hundert Familien einander unverzüglich helfen wie die linke der rechten Hand, ohne nach Belohnung zu fragen, weil sie mit den gleichen Schwierigkeiten zu kämpfen haben.

Daher zielen die militärischen Unternehmungen erleuchteter Führer darauf ab, das auszuschalten, was für die Welt zerstörerisch ist. So kommen alle Menschen gleichermaßen in den Genuß dieses Vorteils.

Dienen Menschen einem Heer im gleichen Geist, wie Kinder etwas für ihre Eltern oder ältere Geschwister tun, dann haben sie die Kraft einer Lawine – wer kann der widerstehen?

Wenn du Waffen richtig benutzt, dann setzt du die Menschen ein, damit sie für ihren eigenen Vorteil arbeiten. Wenn du Waffen falsch benutzt, dann setzt du die Menschen ein, damit sie für deinen eigenen Vorteil arbeiten. Setzt du Menschen ein, damit sie für ihren eigenen Vorteil arbeiten, dann kann jeder in der Welt dafür eingesetzt werden. Setzt du Menschen ein, damit sie für deinen eigenen Vorteil arbeiten, dann wirst du nur wenige finden, die bereit dazu sind.

Jeder auf der Welt weiß, wie man mit Einzelheiten umzugehen hat, aber niemand weiß, wie man vorgehen muß, um die Grundlage zu entwickeln. Man vernachlässigt die Wurzel und versucht, bei den Ästen zu beginnen. Nun gibt es aber viele Faktoren, die einer Armee zum Sieg verhelfen können, aber nur wenige, die den Sieg garantieren können. Gute Waffen und Ausrüstung, reichlicher Nachschub und zahlreiche Truppen, dies kann einer Armee von großer Hilfe sein, aber den Sieg bedeuten sie noch nicht.

Der Weg zu einem sicheren Sieg besteht darin, unfaßbar in seiner Weisheit zu sein und einem unfehlbaren Weg zu folgen.

Die Grundlage für einen militärischen Sieg oder eine Niederlage liegt in den Regierenden. Wenn die Regierenden das Volk erfolgreich führen und jene unten zu jenen oben halten, dann ist das Militär stark. Wenn das Volk sich gegen die Regierenden durchsetzt und jene unten sich gegen jene oben stellen, dann ist das Militär geschwächt.

Wenn also Tugend und Gerechtigkeit ausreichen, um das ganze Volk einzuschließen, wenn die öffentlichen Bauten die dringendsten Bedürfnisse zu stillen vermögen, wenn es bei den Wahlen gelingt, die Herzen der Intellektuellen zu erobern, und wenn vorausschauendes Planen die Stärken und Schwächen erkennen läßt, dann sind die Voraussetzungen für einen sicheren Sieg gegeben.

Ein weites Territorium und eine zahlreiche Bevölkerung reichen nicht aus, um stark zu sein. Eine starke Rüstung und scharfe Klingen reichen nicht aus, um den Sieg zu erringen. Hohe Schutzwälle und tiefe Gräben reichen nicht aus, um Sicherheit zu gewährleisten. Strenge Ordnung und Strafen reichen nicht aus, um Autorität sicherzustellen. Jene, die eine Politik verfolgen, die das Überleben sichern soll, werden überleben, selbst wenn ihr Land klein ist; jene, die eine Politik verfolgen, die zur Zerstörung führt, werden zugrunde gehen, selbst wenn ihr Land groß ist.

Ein kleines Land, das Kultur und Tugend auch wirklich lebt, vermag zu herrschen; ein großes Land, das kriegerisch gesinnt ist, wird zugrunde gehen. Eine Armee, die ihre Ganzheit wahrt, zieht nur dann in die Schlacht, wenn sie bereits gewonnen hat; eine Armee, die zum Untergang verurteilt ist, ist eine, die zuerst kämpft und dann versucht zu gewinnen.

Sind die Tugenden gleichwertig, dann obsiegen die vielen über die wenigen. Ist die Stärke vergleichbar, dann gewinnen die Intelligenten die Oberhand über die Dummen.

Wenn tausend Menschen in ihrem Denken übereinstimmen, dann haben sie auch die Macht von tausend Menschen; sind tausend Menschen unterschiedlich gesinnt, dann ist niemand wirklich nützlich. Nur wenn Befehlshaber, Soldaten, Offiziere und Bürger wie ein Körper handeln, können sie als Antwort auf einen Angriff die Schlacht wagen.

Handle also erst, wenn die Strategie feststeht; handle, sobald die Maßnahmen beschlossen sind. Wenn die Befehlshaber keine unklaren Pläne verfolgen, sind auch die Soldaten nicht unschlüssig. Es wird kein Zeichen von nachlässigem Handeln oder roher Sprache geben und auch kein Zaudern in den Opera-

tionen. Die Antwort auf den Gegner läßt nicht auf sich
warten, der Aufmarsch geht schnell vor sich.

So ist also das Volk der Körper der Befehlshaber,
und die Befehlshaber sind das Herz des Volkes. Wenn
das Herz aufrichtig ist, dann folgen ihm Glieder und
Körper. Ist das Herz mißtrauisch, dann geraten Glieder und Körper außer Kontrolle. Ist das Herz nicht
einsgerichtet, dann reguliert der Körper nicht seine
Stärke. Sind die Befehlshaber nicht ehrlich in ihrer
Not, so sind die Soldaten nicht mutig und kühn.

Was auf dem WEG von großem Wert ist, ist Formlosigkeit. Sei ohne Form, und niemand vermag dir
Schranken zu setzen oder dich zu unterdrücken. Niemand vermag dich zu messen oder zu berechnen.

Jene, die gewandt sind in der Verteidigung, unterdrücken niemanden, und jene, die geschickt sind in der
Kriegsführung, kämpfen mit niemandem. Jene, die
das Tao verstehen und daher wissen, was sie erlauben
und was sie verbieten können, was sie öffnen und was
sie schließen können, nutzen die Kraft des Augenblicks und bedienen sich der Wünsche des Volkes, um
die Welt einzunehmen.

Wenn die Kultur nur einen oberflächlichen Einfluß
ausübt, hat Macht nur eine begrenzte Wirkung. Wenn
Tugend großzügig angewandt wird, ist die Herrschaft
der Autorität umfassend.

Wann immer Menschen Anweisungen aufrichtig befolgen, mögen sie zwar gering an der Zahl sein, aber es wird unter ihnen keine Angst herrschen. Wenn Menschen Anweisungen nicht befolgen, dann werden sie sich, selbst wenn sie zahlreich sind, so verhalten, als wären sie nur wenige an der Zahl.

Sind die Offiziere und Soldaten hingebungsvoll und reinen Herzens, werden die Guten auserwählt und die Begabten eingesetzt, werden die richtigen Leute für die Offizierslaufbahn gefunden, sind die Beurteilung der Lage abgeschlossen und die Pläne ausgearbeitet, ist klar, was tödlich wäre und was das Leben erhalten könnte, entsprechen Handeln und Zurückhaltung den Anforderungen des Augenblicks, dann wird es keinen Gegner geben, der nicht überrascht und erschreckt wäre. Daher würde eine Stadt bei einem solchen Angriff fallen, bevor eine Kriegsmaschinerie sich überhaupt in Gang setzen könnte; ein Gegner wäre geschlagen, bevor es überhaupt zu einem bewaffneten Zusammenstoß kommen könnte. Dies hängt einzig und allein davon ab, ob die verschiedenen Faktoren, die mit Gewißheit zum Sieg führen, verstanden wurden oder nicht.

Wenn sich also eine Armee gar nicht erst auf ein Scharmützel einläßt, solange sie sich des Sieges nicht sicher ist, wenn sie es sich gar nicht erst vornimmt zu belagern, was sie nicht mit Gewißheit einnehmen kann, wenn sie nur kämpft, nachdem die Anordnung der Kräfte festgelegt wurde, wenn sie sich nur bewegt, nachdem Befehle ausgegeben wurden, wenn sie ihre Truppen zusammenzieht und sie nicht unwirksam zerstreut, dann wird sie, wenn sie aufbricht, nicht zurückkehren, ohne etwas vollbracht zu haben.

Die einzige Hoffnung für den Gegner besteht darin, daß sich eine derartige Armee nicht in Bewegung setzt, denn wenn sie es tut, dann wird sie die Himmel herausfordern und die Erde erzittern lassen, sie wird die höchsten Berge versetzen und die vier Meere hinwegfegen. Geister und Dämonen werden fliehen, und Vögel und Tiere werden die Flucht ergreifen. Dagegen kann kein Heer auf dem Schlachtfeld wirksamen Widerstand leisten, und kein Land ist in der Lage, seine Städte zu verteidigen.

Tritt den Erregten gelassen entgegen; erwarte beherrscht die Verstörten. Sei ohne Form, denn nur so kannst du das, was Form hat, beherrschen. Antworte auf einen Wandel, ohne eine Absicht zu hegen. Dann magst du zwar nicht in der Lage sein, deine Gegner zu besiegen, aber deine Gegner werden keine Möglichkeit sehen, den Sieg über dich davonzutragen.

Schreitet der Gegner zur Tat, bevor du es tust, dann kannst du seine Form erkennen. Wenn er erregt ist, du aber Ruhe bewahrst, dann kannst du seine Stärke unwirksam machen.

Alles, was Form hat, kann besiegt werden; alles, was Gestalt annimmt, kann bekämpft werden. Aus diesem Grund verbergen Weise ihre Gestalt im Nichtsein und lassen ihren Geist in die Leere emporsteigen.

Alle Geschöpfe sind empfänglich für Kontrolle, da sie sich bewegen, daher schätzen die Weisen die Stille. Wenn du still bist, kannst du jeder Erregung entgegenwirken; und wenn du Zurückhaltung übst, kannst du jeder Initiative entgegentreten.

Ein guter General setzt seine Soldaten so ein, daß er ihren Geist und ihre Kraft eint, so daß die Kühnen nicht allein vorpreschen und die Schwachen nicht allein den Rückzug antreten können. Bewahren sie Stille, sind sie wie ein Berg; handeln sie, gleichen sie einem Sturm, sie durchbrechen alles, wo immer sie hingehen, sie überwinden alle Hindernisse und bewegen sich gleich einem einzigen Körper, und niemand ist fähig, ihnen entgegenzutreten und Einhalt zu gebieten. Daher zählt der Feind viele Verwundete, und doch kämpfen nur wenige Soldaten.

Güte, Mut, Vertrauen und Rechtschaffenheit sind wertvolle menschliche Eigenschaften, aber es ist möglich, den Gütigen zu berauben, den Mutigen aufzustacheln, den Vertrauensvollen zu betrügen und gegen den Rechtschaffenen zu intrigieren. Wenn bei den Anführern einer Gruppe eine dieser Eigenschaften sichtbar wird, werden sie von anderen gefangengenommen.

Nur wer in Formlosigkeit weilt, ist unverwundbar. Weise verbergen sich in der Unergründlichkeit, daher vermag niemand ihre Gefühle zu erkennen. Sie bewegen sich in der Formlosigkeit, daher kann niemand ihre Wege kreuzen.

Wenn die besten Generäle Waffen einsetzen, dann haben sie den WEG des Himmels über sich, die Vorteile der Erde unter sich und die Herzen der Menschen dazwischen; dann setzten sie die Waffen zum rechten Zeitpunkt ein und nutzen dabei die Schlagkraft des Augenblicks aus. Dies ist der Grund, warum weder ihre Truppen zerschlagen noch ihre Armeen besiegt werden.

Was mittelmäßige Generäle betrifft, so kennen diese weder den WEG des Himmels über sich noch die Vorteile der Erde unter sich; sie bedienen sich nur der Menschen und ihrer Schlagkraft. Obwohl sie nicht auf der ganzen Linie erfolgreich sein können, werden sie dennoch mehr Siege als Niederlagen davontragen.

Was aber mindere Generäle und ihre Art, Waffen zu gebrauchen, angeht, so hören diese viel, stürzen sich aber selbst in Verwirrung. Sie wissen viel, sind aber selbst von Zweifeln geplagt. Sie sind ängstlich, solange sie sich im Lager befinden, und handeln nur zögernd. Daher ist es wahrscheinlich, daß andere sie gefangennehmen.

Eine geglückte militärische Operation ähnelt in ihrer Wucht dem Wasser, das aus einem riesigen Damm hervorbricht, sie gleicht runden Felsblöcken, die in eine tiefe Schlucht hinunterstürzen. Wenn die Welt die Notwendigkeit deiner militärischen Aktion einsieht, wer wird sich dann noch erkühnen, gegen dich in die Schlacht zu ziehen?

Der WEG des Kriegers besteht darin, anderen gegenüber Sanftheit an den Tag zu legen, aber ihnen dann entschlossen entgegenzutreten; er besteht darin, anderen gegenüber Schwäche zu zeigen, aber sie dann mit Stärke zu überwinden; er besteht darin, vor anderen zurückzuweichen, aber dann zum Gegenschlag auszuholen.

Wenn der Ort, von dem du kommst, nicht der Ort ist, an den du dich begibst, und wenn das, was du zeigst, nicht das ist, was du beabsichtigst, dann kann niemand sagen, was du tust. Du bist wie der Blitz – niemand kann im voraus wissen, wo er einschlagen wird, und er schlägt niemals zweimal am gleichen Ort ein.

Im Zusammenwirken mit deinem geheimen Wissen können so deine Siege hundertprozentige Vollkommenheit erlangen. Wenn niemand das Tor kennt, durch das du ein und aus gehst, dann spricht man von dir als überragendem Genie.

Was Krieger stark macht, ist ihre Bereitschaft, bis zum Tode zu kämpfen. Was Menschen bereit macht, bis zum Tode zu kämpfen, ist Gerechtigkeit. Was es möglich macht, Gerechtigkeit walten zu lassen, ist ehrfurchtgebietende Würde. Wenn daher Menschen durch ihre Kultur geeint und durch kriegerisches Training gleichgestellt sind, spricht man von sicheren Siegern. Wenn sowohl ehrfurchtgebietende Würde als auch Gerechtigkeit herrschen, spricht man von überlegener Stärke.

In alten Zeiten standen gute Generäle immer selbst an vorderster Front. Sie stellten in der Hitze keine Schutzdächer auf und trugen in der Kälte keine Lederbekleidung. So waren sie der gleichen Hitze und Kälte wie ihre Soldaten ausgesetzt. Sie ritten nicht über unebenes Gelände, sondern stiegen immer ab, wenn es galt, Hügel zu erklimmen; so nahmen sie die gleichen Anstrengungen auf sich wie ihre Soldaten.

Sie pflegten nur dann zu essen, wenn bereits Nahrung für alle Truppen zubereitet worden war, und sie tranken nur dann, wenn bereits auch Wasser für ihre Truppen geschöpft worden war. So verspürten sie den gleichen Hunger und Durst wie ihre Soldaten.

In der Schlacht standen sie in Reichweite des Feindes; so setzten sie sich den gleichen Gefahren aus wie ihre Soldaten. Militärische Unternehmungen, die von guten Generälen geleitet werden, nutzen immer die angehäufte Dankbarkeit aus, um die angehäufte Bitterkeit anzugreifen, sie nutzen immer die angehäufte Liebe aus, um den angehäuften Haß anzugreifen. Wie könnten sie also nicht gewinnen?

Verdienen die Führer Respekt, dann sind die Menschen gewillt, für sie zu arbeiten. Verdient ihre Tugend Bewunderung, dann wird ihre Autorität nicht in Frage gestellt.

Wer geschickt im Umgang mit Waffen ist, muß das zuerst in sich selbst kultivieren, bevor er es bei anderen sucht. Er wird zuerst unbesiegbar und trachtet erst dann danach zu siegen.

Generäle müssen drei Pfade, vier Pflichten, fünf Übungen und zehn Arten von Sicherheit beherrschen.

Die drei Pfade sind das Wissen um den Himmel

über ihnen, die Vertrautheit mit der Erde unter ihnen und die Wahrnehmung der Lebensumstände der Menschen in der Mitte.

Die vier Pflichten bestehen darin, dem Land Sicherheit zu geben, ohne die Bewaffnung zu verstärken, zu führen, ohne dabei selbstsüchtige Interessen zu verfolgen, Schwierigkeiten ohne Furcht vor dem Tode entgegenzutreten, und Zweifel zu zerstreuen, ohne zu versuchen, sich einer Verantwortung zu entziehen.

Die fünf Übungen bestehen darin, flexibel zu handeln, ohne nachgiebig zu sein, entschlossen zu sein, ohne starr zu werden, menschlich zu sein, ohne Verletzbarkeit zu zeigen, Vertrauen walten zu lassen, ohne sich Täuschungen hinzugeben, und einen Mut zu beweisen, der durch nichts bezwungen werden kann.

Die zehn Arten von Sicherheit hast du verwirklicht, wenn du deinen Geist soweit gereinigt hast, daß er nicht getrübt werden kann; wenn du weitblickende Pläne verfolgst, die dir niemand stehlen kann; wenn du standhafte Rechtschaffenheit zeigst, die unverrückbar ist; wenn nichts die Klarheit deines Wissens verdunkeln kann; wenn du frei bist von Gier nach materiellen Gütern und frei bist von Abhängigkeiten; wenn du nicht den Drang zu leichtfertigem Reden verspürst und nicht den Wunsch hegst, andere in die gleiche Richtung drängen zu wollen, wenn du nicht leicht zu erfreuen und nicht leicht zu erzürnen bist.

Für Krieger ist es wichtig, daß ihre Strategie unfaßbar ist, ihre Form also verborgen bleibt. Sie treten unerwartet hervor, so daß keine Verteidigung aufgebaut werden kann. Wird ihre Strategie erkennbar, bleibt ihnen nichts. Wird ihre Form faßbar, können sie unter Kontrolle gehalten werden. Daher verbergen gute

Krieger ihre Strategie und ihre Form im Himmel über ihnen, in der Erde unter ihnen und unter den Menschen in der Mitte.

Greifst du zum Mittel der Bestrafung, dann hast du den Höhepunkt im Gebrauch von Waffen erreicht. Erreichst du den Punkt, wo es kein Bestrafen mehr gibt, könnte man sagen, du hättest den Höhepunkt des Höhepunkts erreicht.

Es ist in der Tat schmerzhaft, ein Geschwür herauszuschneiden, und es tut weh, giftige Arzneien einzunehmen: Der Grund dafür, warum wir dennoch diese Dinge auf uns nehmen, liegt darin, daß sie dem Körper helfen zu gesunden. Es tut in der Tat gut, zu trinken, wenn man durstig ist, und es tut in der Tat gut, eine reichhaltige Mahlzeit zu sich zu nehmen, wenn man hungrig ist: Der Grund dafür, daß wir diese Dinge dennoch nicht tun, liegt darin, daß sie unserer Natur schaden.

Die menschliche Bestimmung besteht darin, nach dem größten Gewinn und dem geringsten Verlust zu streben. Daher reitet ein General keinen Schimmel, und ein Flüchtiger wagt es nicht, bei Nacht eine Fackel zu entzünden.

Treffen jene, die die Schwächeren überwältigen, auf Gleichstarke, dann kämpfen sie. Ein Sieg, der durch ein Nachgeben errungen wird, das von einem selbst ausgeht, hat hingegen unendliche Kraft. So kommt es, daß nur Weise einen Nicht-Sieg in einen großen Sieg verwandeln können.

Ein militärischer Führer muß unabhängig sehen und erkennen können. Unabhängig sehen bedeutet, zu sehen, was andere nicht sehen; unabhängig erkennen bedeutet, zu erkennen, was andere nicht erkennen. Sehen, was andere nicht sehen, heißt Scharfblick. Erkennen, was andere nicht erkennen, heißt Genialität. Der Scharfblick des Genies ist es, was einen Sieg zu einer Selbstverständlichkeit macht.

Für wen der Sieg eine Selbstverständlichkeit ist, der verteidigt, was nicht angegriffen werden kann, und der greift an, was nicht verteidigt werden kann. Dies ist eine Sache von Leere und Fülle.

Wenn die Ränge gespalten sind, wenn Abneigung zwischen Befehlshabern und Offizieren besteht und Streitigkeiten zwischen ihnen nicht aufrichtig ausgetragen werden, dann entsteht Unzufriedenheit im Geist der Soldaten. Dann spricht man von Leere. Wenn die Führerschaft erleuchtet ist und die Generäle gut sind, dann herrscht Einigkeit zwischen den einzelnen Rängen, und ihr Wille ist auf das gleiche Ziel gerichtet.

Geschieht das Unerwartete, ist der Unwissende überrascht; der Wissende hält es nicht für seltsam.

Alles kann überwunden werden, nur nicht das Tao. Es kann nicht überwunden werden, weil es keine feste Form und keinen Plan kennt.

Was heute für Wohlstand und morgen für Gerechtigkeit getan werden muß – dies ist leicht gesagt. Was heute für Gerechtigkeit und morgen für Wohlstand getan werden muß – dies ist schwer zu ergründen.

Die menschliche Natur kennt nichts Kostbareres als Güte, nichts Wichtigeres als Weisheit. Güte ist der Nährboden; Weisheit ist das Mittel, um Güte in die Praxis umzusetzen. Mit diesen beiden Eigenschaften als Grundlage wird alles, was zuträglich ist, vollbracht, wenn Mut, Stärke, Intelligenz, Schnelligkeit, Sorgfalt, Schläue, Scharfsinn, geistige Überlegenheit und Weitblick dazukommen.

Bist du aber in deiner persönlichen Entwicklung nicht fortgeschritten und verfügst über technische Fertigkeiten, ohne daß diese von Güte und Weisheit gelenkt würden, dann vergrößerst du den Schaden nur, wenn alle Arten von Zierde hinzukommen. Bist du also wagemutig und kühn, ohne gütig zu sein, dann bist du wie ein Verrückter, der ein scharfes Schwert schwingt; bist du klug und flink, ohne Weisheit verwirklicht zu haben, dann ist es, als würdest du ein schnelles Pferd reiten, ohne zu wissen, welchen Weg du einschlagen mußt.

Selbst wenn du über Talente und Fähigkeiten verfügst, werden sie nur Falschheit fördern und Fehler verschleiern, falls du sie unangemessen benutzt und mit ihnen auf unzulässige Weise umgehst. In diesem Fall ist es besser, über wenige als über viele Fähigkeiten zu verfügen.

Dem Ehrgeizigen sollte also keine zweckdienliche Macht verliehen werden; dem Narren sollten keine scharfen Instrumente gegeben werden.

Über den Frieden

Wenn du weißt, wann du genug hast,
wirst du nicht in Ungnade fallen.
Wenn du weißt, wann du innehalten mußt,
wirst du nicht in Gefahr geraten.

Laozi, *Daodejing*

Wer für die Welt sorgen kann, wird gewiß nicht sein Land verlieren. Wer für sein Land sorgen kann, wird gewiß nicht seine Familien verlieren. Wer für seine Familien sorgen kann, vernachlässigt gewiß nicht sich selbst. Wer seinen Charakter bilden kann, vergißt gewiß nicht seinen Geist. Wer die Quelle seines Geistes finden kann, zerstört gewiß nicht seine wahre Natur. Wer die Integrität seiner wahren Natur vollkommen aufrechterhalten kann, schwankt gewiß nicht unentschieden auf dem WEG.

Daher sagte der Meister der allumfassenden Entfaltung: «Schau sorgfältig in dein Inneres, schließ dich fest gegen außen ab; willst du mit deinem Wissen alles erfassen, dann bist du der Niederlage preisgegeben. Schau dich nicht um, hör nicht hin; nimm ruhig den Geist in dich auf, und der Körper wird sich von selbst aufrichten.»

Niemand kann den anderen erkennen, wenn er dies nicht in sich selbst verwirklicht hat. Daher heißt es im *Buch der Wandlungen*: «Verschließe den Sack, und es gibt weder Schande noch Lob.»

Bist du klar, ruhig und absichtslos, so wird der Himmel eine Zeit für dich vorsehen. Bist du bescheiden, genügsam und diszipliniert, so wird die Erde Reichtümer für dich hervorbringen.

Überquert ein Boot einen Fluß und bringt dabei ein leeres Boot zum Kentern, dann werden die Passagiere im ersten Boot zwar aufgebracht, aber nicht zornig sein.

Nimm hingegen an, daß sich im zweiten Boot auch nur eine einzige Person befindet, die nicht auf die Rufe der Passagiere im ersten Boot reagiert: Da werden sicher unschöne Stimmen laut werden.

Der Grund dafür, daß die Menschen im ersten Fall nicht zornig werden, liegt darin, daß das Boot leer ist. Der Grund dafür, daß sie im zweiten Fall zornig werden, liegt darin, daß das Boot besetzt ist. Gelingt es dir, dich selbst leer zu machen, als wärest du ein Gefährt für die Reise durch die Welt, wer vermag dich dann zu kritisieren?

Nimm die Welt leicht, und dein Geist wird nicht belastet sein. Sieh alles als unbedeutend an, und dein Geist wird nicht verwirrt sein. Betrachte Leben und Tod als gleichwertig, und dein Herz wird keine Furcht kennen.

Vollkommene Erhabenheit bedarf keines Titels; vollkommener Reichtum bedarf keiner Besitztümer.

Wer zu lernen weiß, ist wie die Achse eines Wagens: Die Mitte der Nabe bewegt sich selbst nicht, aber mit ihrer Hilfe legt man tausend Meilen zurück und beginnt wieder, wenn man am Ende angekommen ist. So schöpft man aus einer nie versiegenden Quelle.

Wer nicht zu lernen weiß, ist verloren: Sag ihm die Himmelsrichtungen, und es kommt zu einem Mißverständnis; da er von seinem eigenen Standpunkt aus zuhört, ist er ohne Orientierung, und es gelingt ihm nicht, den Kern der Sache zu erfassen.

Vollkommene Menschen lehnen an einem Pfeiler, den nichts umstürzen kann, sie reisen auf einer Straße, die nichts blockieren kann, sie nehmen Befehle von einer Regierung entgegen, die ewigen Bestand hat, und kommen an, wo immer sie auch hingehen. Das Leben vermag sich nicht an ihrem Geist festzuklammern; der Tod vermag ihren Geist nicht zu verdunkeln.

Mit Menschen, denen es gelingt, die tiefste Dunkelheit zu durchdringen und ins gleißende Licht einzutreten, kann man über das Höchste reden.

Menschen, in denen das Empfinden die Begierde überwältigt, blühen auf, während Menschen, in denen die Begierde das Empfinden überwältigt, zugrunde gehen.

Durch Gewohnheit geformte Begierden zehren an der Energie des Menschen; Vorlieben und Abneigungen belasten den Geist des Menschen. Wenn du dich ihrer nicht schnell entledigst, werden dein Geist und deine Energie Tag für Tag abnehmen.

Wenn du die Seele des Menschen ergründest, wirst du erkennen, daß gewohnheitsmäßige Wünsche, Vorlieben und Abneigungen etwas Äußerliches sind.

Was ich Glücklichsein nenne, ist dort möglich, wo Menschen schätzen, was sie haben. Menschen, die schätzen, was sie haben, finden keinen Gefallen an Außergewöhnlichem und halten Genügsamkeit nicht für einen jämmerlichen Zustand.

Menschen sehnen sich nach einer hohen Stellung, nach Macht und Reichtum, aber wenn es darum ginge, in der linken Hand eine Weltkarte zu halten und sich mit der rechten Hand die Kehle zu durchschneiden, dann würde selbst ein Ignorant dies nicht tun. In diesem Licht gesehen ist das Leben wertvoller als jede weltliche Herrschaft.

Weißt du um die Weite des Universums, so können dich weder Tod noch Leben bedrücken. Weißt du um die Harmonie des Nährens des Lebens, so kannst du dich nicht um weltliche Herrschaft sorgen. Weißt du um das Glück des ungeborenen Zustandes, so kann dich der Tod nicht erschrecken.

Wenn du mit dir selbst unzufrieden bist, dann könnte ein ganzer Kontinent dein Haus und alle seine Bewohner deine Diener sein, und es wäre noch immer nicht genug, um dich zu befriedigen.

Wer den Punkt zu erreichen vermag, wo er an nichts Gefallen findet, der entdeckt, daß er sich an allem freuen kann. Da es nichts gibt, was ihn nicht erfreut, ist sein Glück vollendet.

Wer das Tao verkörpert, ist frei und unerschöpflich; wer sich auf Berechnungen verläßt, arbeitet hart, ohne etwas zu erreichen.

Wer sich allein auf seine Intelligenz und nicht auf den WEG verläßt, wird mit Sicherheit in Gefahr geraten; wer Begabung unüberlegt einsetzt, wird mit Sicherheit unbefriedigt sein. Es gibt Menschen, die zugrunde gehen, weil sie viele Begierden haben, aber es hat noch nie einen Menschen gegeben, der in Gefahr geraten wäre, weil er frei von Wünschen war. Es gibt Menschen, die Unordnung hervorrufen, weil sie vom Wunsch zu herrschen getrieben sind, aber es hat noch nie jemand Schaden genommen, weil er das Beständige wahren wollte.

Haben Menschen viele Wünsche, so wirkt sich dies negativ auf ihren Gerechtigkeitssinn aus. Werden Menschen von vielen Ängsten geplagt, so wirkt sich dies negativ auf ihre Weisheit aus. Lebst du in Furcht, so wirkt sich dies negativ auf deinen Mut aus.

Setze dir Grenzen für das, was du behältst, und du wirst umsichtig sein; beschränke das, wonach du strebst, auf ein Mindestmaß, und du wirst haben, was du brauchst.

Klare Stille ist der Höhepunkt der Tugend; biegsame Sanftheit ist der Schlüssel zum WEG; offene Selbstlosigkeit und heitere Gelassenheit befähigen dich dazu, dich aller Dinge zu bedienen.

Wer Festigkeit anstrebt, muß mit seiner Biegsamkeit über diese wachen; wer Stärke anstrebt, muß sie mit Hilfe seiner Schwäche bewahren.

Wenn du mit niemandem wetteiferst, kann niemand mit dir wetteifern.

Wo der Geist herrscht, ist es für den Körper von Vorteil, ihm zu gehorchen; wo der Körper herrscht, ist es schädlich für den Geist, ihm zu gehorchen.

In der Vollkommenheit ist es reine Schlichtheit. Im zerstreuten Zustand ist es vermischt, wie in Schwebe. Nach und nach stellt sich Klarheit ein; langsam füllt sich die Offenheit.

Es ist ruhig wie die Tiefen des Ozeans, breit wie die treibenden Wolken. Es scheint nicht zu existieren, und doch ist es da; es scheint abwesend zu sein, und doch ist es allgegenwärtig.

Die Gesamtheit aller Dinge geht durch eine Öffnung; die Wurzeln aller Dinge entstammen einem Tor. Seine Bewegung ist formlos; seine Wandlungen sind gleich denen des Geistes; sein Handeln hinterläßt keine Spuren. Es folgt immer, und doch hat es die Führung inne.

Wird das spirituelle Licht in der Formlosigkeit bewahrt, dann kehren Lebenskraft und Energie in die vollkommene Wirklichkeit zurück. Dann sind die Augen klar, werden aber nicht zum Sehen gebraucht; dann ist dein Gehör scharf, aber deine Ohren werden nicht zum Hören gebraucht; dann ist der Geist weit, er wird aber nicht zum Denken gebraucht.

Strömt die Lebenskraft in die Augen, dann ist die Sicht klar; strömt sie in die Ohren, dann ist das Gehör scharf; strömt sie in den Mund, dann ist die Sprache genau; und sammelt sie sich im Geist, dann ist das Denken durchdringend.

Geschehen die Dinge im Einklang mit dem Tao, ist das nicht das Tun des Tao, es ist das Verströmen des Tao.

Wenn du versuchst, die Welt zu gewinnen, und den Weg der Bildung des Charakters vergißt, kannst du nicht einmal deinen eigenen Körper bewahren und schon gar nicht ein ganzes Gebiet. Wurde also die Ordnung nicht in Friedenszeiten gefestigt, so werden jene, die die Führung anstreben, in Gefahr geraten; wurde das Benehmen nicht gefestigt, solange nichts daran auszusetzen war, so werden jene, die schnellen Ruhm anstreben, zugrunde gehen.

Was ich absichtsloses Tun nenne, bedeutet, daß der persönliche Wille nicht in den öffentlichen Weg eindringen kann; Vorlieben und Abneigungen können die wahre Kunst der Menschenführung nicht beeinflussen; Unternehmungen nimmst du auf vernünftige Art und Weise in Angriff; Arbeiten führst du je nach den verfügbaren Mitteln aus, und du begünstigst die Spontaneität der Natur, so daß sich keine unehrlichen Absichten einschleichen können.

Auf diese Art und Weise erledigst du Dinge, ohne

daß du dir das als persönliches Verdienst anrechnen würdest; du erzielst Erfolge, ohne daß du dafür bekannt würdest. Dies bedeutet nicht, daß du nicht auf Anstöße und Empfindungen reagierst, wenn du in Bedrängnis gerätst.

Es gibt kein größeres Glück, als frei von Sorgen zu sein; es gibt keinen größeren Gewinn, als keinen Verlust zu erleiden. Welche Handlungen Menschen auch geeignet erscheinen mögen, entweder vergrößern oder vermindern sie, entweder erfüllen oder zerstören sie, entweder schaden oder nützen sie. All das ist gefährlich – es sind Bedrohungen auf dem WEG.

Die Energie des Himmels ist die höhere Seele; die Energie der Erde ist die niedrigere. Führe sie zurück in die mystische Kammer, so daß eine jede den ihr bestimmten Platz einnimmt. Bewache sie und verliere sie nicht; du wirst verbunden sein mit der absoluten Einheit über dir, und die Lebenskraft der absoluten Einheit ist verbunden mit dem Himmel.

Der GROSSE WEG hat keine Form; große Güte kennt keine Vertraulichkeit; große Beredsamkeit hat keine Stimme; große Demut ist nicht unterwürfig; großer Mut kennt keinen Dünkel. Wenn du diese fünf Dinge nicht vernachlässigst, kommst du dem Tao sehr nahe.

Menschen können Gutes tun, aber nicht unbedingt dessen Segnungen ernten. Menschen mögen Schlechtes vermeiden, aber sie können dadurch nicht unbedingt ein Unglück abwenden.

Wenn Menschen, die wahrhaft gütig sind, geben, ist es Ausdruck der Güte; und wenn sie nicht geben, ist es ebenfalls Ausdruck der Güte. Wenn Menschen, die eigentlich nicht gütig sind, geben, ist es nicht Ausdruck von Güte; und wenn sie nicht geben, ist es ebenfalls nicht Ausdruck von Güte.

Wahres Wissen existiert nur dort, wo wahre Menschen sind.

Sind Menschen in die Welt verstrickt, dann sind sie materiell gebunden und geistig verbraucht. Dann ist es nicht zu vermeiden, daß sie an den Folgen dieser Erschöpfung leiden.

Der Geist ist die Quelle des Wissens; ist der Geist rein, dann ist das Wissen klar. Das Wissen ist das Zentrum des Herzens; ist das Wissen objektiv und unparteiisch, dann herrscht Frieden im Herzen.

Der Geist findet auf der Spitze eines Haares Platz, und doch ist er weiter als die Gesamtheit des Universums.

Willst du immer in der Leere verweilen, dann kannst du nicht leer sein. Leer zu sein, ohne zu versuchen, leer zu sein, ist etwas, was du anstreben magst, das du aber nicht herbeiführen kannst.

Du kannst von Menschen nicht verlangen, ein Musikinstrument zu stimmen, wenn sie kein musikalisches Gehör haben. Du kannst von Menschen nicht verlangen, Gesetze zu formulieren, wenn sie nicht um die Ursachen von Ordnung und Unordnung wissen. So ist es auch wesentlich, daß du dir die Klarheit einer unabhängigen Wahrnehmung erwirbst, bevor du dich frei auf dem WEG bewegen kannst.

Betrachtest du nur einen Quadratzentimeter eines Ochsen, so wirst du nicht erkennen können, daß er größer als eine Ziege ist; nur wenn du den ganzen Körper siehst, kannst du erkennen, welch ein Unterschied zwischen ihnen besteht.

Der Widerspenstige mag kenntnisreich scheinen, ohne kenntnisreich zu sein. Der Einfältige mag menschlich scheinen, ohne menschlich zu sein. Der Ungestüme mag tapfer scheinen, ohne tapfer zu sein.

Schaust du nur auf die Schwächen der Menschen und läßt ihre Stärken außer acht, dann wird es dir schwerfallen, würdige Menschen zu finden, auch wenn du in der ganzen Welt nach ihnen suchst.

Dinge sind zur Erlangung ihrer Vollkommenheit voneinander abhängig. Wenn zwei Menschen ertrinken, können sie einander nicht zu Hilfe kommen; wenn sich aber einer auf dem Trockenen befindet, kann etwas getan werden. Daher können jene, die einander gleich sind, einander nicht führen; dies ist nur dann möglich, wenn Unterschiede bestehen.

Prahlerei und Arroganz werden aus dem Stolz geboren. Wer in seinem Inneren wahrhaft ist, ist glücklich und kennt keine Hast, er tut, was getan werden muß, auf so selbstverständliche Art und Weise, wie der Vogel singt oder der Bär sich reckt und dehnt. Wer müßte darauf stolz sein?

Die Gelehrten der späteren Epochen kennen weder die Einheit des WEGES noch das Wesen der Tugend: Sie nehmen die Spuren vergangener Ereignisse auf und sprechen miteinander darüber. Daher sind sie gelehrt und gebildet, aber noch längst nicht der Verwirrung entkommen.

Der WEG, von dem man sprechen kann, ist nicht der ewige WEG; der Name, der ausgesprochen werden kann, ist nicht der beständige Name. Was niedergeschrieben oder der Nachwelt überliefert werden kann, ist nur das Allergröbste.

Stell den Wein beiseite und unterbrich die Musik, und dem Geist ist plötzlich, als hätte er einen Verlust erlitten. Er ist erregt, als wäre er einer Sache beraubt worden. Wie kommt es dazu? Einzig und allein dadurch, daß du etwas Äußeres benutzt, um dein Inneres zu erfreuen, statt daß du dein Inneres so benutzt, daß das Äußere erfreulich wird.

Es gibt unzählige Dinge zu sehen, zu hören und zu schmecken, Raritäten aus fernen Ländern, Kostbarkeiten und Kuriositäten, die den Geist auf ein anderes Ziel lenken, die den Lebensgeist aus dem Gleichgewicht bringen und den Kreislauf und die Energie stören können.

Der Lebensgeist gehört zum Himmel; der physische Körper gehört zur Erde. Wenn der Lebensgeist nach Hause geht und der physische Körper zu seinem Ursprung zurückkehrt, wo bleibt dann das Selbst?

Was dem Lebendigen Leben spendet, stirbt nie, obwohl das, was es hervorbringt, stirbt. Was Dinge transformiert, verändert sich nie, obwohl das, was es transformiert, sich verändert.

Wer im Gefängnis sitzt, für den sind die Tage lang, aber wer zum Tode verurteilt ist, für den sind die Tage kurz. Die Länge der Tage gehorcht einem eigenen Maß, aber die Tage scheinen lang an einem Ort und kurz an einem anderen Ort. So herrscht Unausgewogenheit im Herzen.

Im Frühling sind die Frauen nachdenklich; im Herbst sind die Männer traurig. Sie wissen, daß die Dinge sich verändern.

Etwas, das im Inneren bewahrt bleibt und nie enthüllt wird, etwas in den Gefühlen, das nie Triebe bildet – niemand hat je davon gehört.

Die meisten Menschen können singen und weinen. Sobald der Ton gebildet wird, dringt er an die Ohren der Menschen und berührt deren Herz. Dies ist die Wirkkraft der Gefühle.

Wohltaten kommen aus dir selbst, genauso wie ein Unglück aus dir selbst kommt. Weise streben weder nach Lob, noch weichen sie Kritik aus. Sie bewahren sich ihre Aufrichtigkeit und handeln ehrlich, so hört jede Falschheit von selbst auf.

Versteckst du dich nicht vor dir selbst, dann versteckst du dich auch nicht vor den anderen.

Große Menschen sind heiter und frei von Sehnsüchten; sie sind ruhig und frei von Sorgen.

Der Geist verläßt jene, die Aufheben davon machen, während er bei jenen verweilt, die ihren Geist in Ruhe lassen.

Bist du still und voller Freude sowie frei von Stolz, dann erlangst du Harmonie.

Ist deine Wahrnehmung klar und bist du in tiefer Einsicht frei von verführerischen Sehnsüchten, sind deine Energie und dein Wille offen und ruhig, gelassen und heiter sowie frei von gewohnheitsmäßigen Wünschen, dann sind deine inneren Organe gefestigt und voller Energie, die nicht ausströmt. Der Lebensgeist schützt innerlich den physischen Körper und dringt nicht nach außen. Dann ist es nicht schwierig, die Spuren der Vergangenheit und die Folgen in der Zukunft zu sehen.

Schwimme äußerlich mit dem Strom und bleibe innerlich deiner wahren Natur treu. Dann werden deine Augen und Ohren nicht geblendet und deine Gedanken nicht verwirrt, während der Geist in dir sich weit ausdehnt, um das Reich der absoluten Reinheit zu durchstreifen.

Daß du das Tao erlangen wirst, ist sicher; es hängt nicht vom Fluß der Dinge ab. Ich lasse es nicht zu, daß Veränderungen, die zu einer gewissen Zeit stattfinden, bestimmen, auf welche Art und Weise ich mein Selbst meistere.

Was ich Meistern des Selbst nenne, bedeutet, daß meine Natur und mein Leben dort weilen, wo sie sicher sind.

Wenn große Gruppen kleine Gruppen angreifen, hält man dies für kriegerisch; wenn sich aber große Staaten kleine Staaten einverleiben, dann hält man dies für klug. Ein kleines Pferd ist von der gleichen Art wie ein großes Pferd, aber kleines Wissen ist nicht von der gleichen Art wie großes Wissen.

Ist dein Aufnahmevermögen klein, dann ist deine Wahrnehmung seicht. Ist dein Aufnahmevermögen groß, dann ist dein Bewußtsein weit.

Wir mögen die Spitze des Haares sehen und dabei einen Donnerschlag überhören. Wir mögen die Melodie eines Liedes hören und dabei einen Berg nicht wahrnehmen. Warum? Wenn wir die Achtsamkeit auf etwas Kleines fixieren, entsteht daraus ein großes Maß an Unachtsamkeit.

Alle Menschen schätzen, was sie gut können, und verachten, was sie nicht gut können. Sie alle aber sind betäubt von dem, was sie schätzen, und gelähmt durch das, was sie verachten. Sie schätzen, was Form hat, und würdigen herab, was keine Spuren hinterläßt.

Was Sonne und Mond betrifft, so wünschen wir uns, daß sie strahlen, aber Wolken bedecken sie. Was Flüsse betrifft, so wünschen wir uns, daß sie rein sind, aber Sand trübt sie. Was die menschliche Natur betrifft, so wünschen wir uns inneres Gleichgewicht, aber durch Gewohnheit geformte Begierden fügen ihr

Schaden zu. Nur Weise können die Dinge vergessen und zum Selbst zurückkehren.

Klarheit bedeutet nicht, andere zu sehen, sondern nur, sich selbst zu sehen. Sinnesschärfe bedeutet nicht, andere zu hören, sondern nur, sich selbst zu hören. Verstehen bedeutet nicht, andere zu kennen, sondern nur, sich selbst zu kennen.

Andere zu beschuldigen, ist nicht so gut, wie sich selbst zu beschuldigen. Forderungen an andere zu stellen, ist nicht so gut, wie Forderungen an sich selbst zu stellen.

Legen Menschen ihren Finger auf deine schwachen Stellen, dann bist du ihnen deswegen böse. Zeigt aber ein Spiegel dir deine Häßlichkeit, hältst du ihn für einen guten Spiegel. Wenn es Menschen gelingt, sich mit anderen auseinanderzusetzen, ohne ihr Ego ins Spiel zu bringen, dann können sie Behinderung vermeiden.

Augen, Ohren und Gaumen wissen nicht, was sie annehmen und was sie lassen sollen; wenn der Geist sie lenkt, finden sie den ihnen entsprechenden Platz. So gesehen liegt es auf der Hand, daß Begierden nicht überwunden werden können. Und doch lassen sich Begierden bis zu dem Punkt überwinden, daß sie nicht zum Wahnsinn führen. Das kann jeder erreichen, der sich selbst beherrscht und seine Natur entwickelt, der seine sexuellen Aktivitäten reguliert und seine Nahrungsaufnahme mäßigt, der seine Gefühle besänftigt und angemessen handelt und ruht, wenn er nur dafür sorgt, daß dies alles aus ihm selbst kommt.

Wer sein Äußeres schmückt, verletzt sein Inneres. Wer in seinen Gefühlen schwelgt, schädigt seinen Lebensgeist. Wer seine Verzierungen zur Schau stellt, verdunkelt seine Wirklichkeit. Wer nicht einmal für einen Augenblick seine Schläue und List über Bord werfen kann, schädigt unweigerlich seine Natur.

Steigen im Inneren keine Begierden auf und dringen keine Verderbtheiten von außen ein, dann spricht man von Sicherheit. Wenn innen und außen Sicherheit herrscht, ist alles beruhigt; alles kann vollbracht werden.

Macht man viel Aufheben darum, daß man etwas Gutes tut, ist es, als würde man viel Aufheben davon machen, daß man etwas Schlechtes tut. Dies kommt dem Tao nicht nahe.

Wenn es aus dem Tao kommt, ist das Gute bescheiden; wenn es dem Prinzip folgt, bleibt das Können unbesungen.

Vollendete Menschen bilden ihren Charakter und sorgen dafür, daß ihre Güte unerkannt bleibt; sie sind großzügig und sorgen dafür, daß ihre Nächstenliebe unbemerkt bleibt.

Nichts in der Welt ist leichter, als Gutes zu tun. Nichts ist schwieriger, als Böses zu tun. Hier bedeutet Gutes tun Ruhe und Absichtslosigkeit; Böses tun bedeutet Heftigkeit und Gier.

Wenn die Augen wahllos herumschauen, wirst du zügellos. Wenn die Ohren wahllos zuhören, wirst du verwirrt. Wenn der Mund wahllos spricht, wirst du liederlich. Diese drei Durchgänge müssen sorgfältig bewacht werden.

Erfolg ist eine Sache der Zeiteinteilung, nicht des Wettstreits. Ordnung hängt vom Tao ab, nicht von Klugheit.

Erfolgreiche Menschen sind sparsam in ihren Handlungen und gehen sorgfältig mit ihrer Zeit um.

Weise Menschen denken eher an Gerechtigkeit denn an Profit. Unreife Menschen verlangen nach Gewinn und kümmern sich nicht um Gerechtigkeit.

Wer sich selbst vertraut, kann weder durch Kritik noch durch Lob bewegt werden; der Zufriedene kann weder durch Macht noch durch Vorteile verführt werden. Daher streben jene, die das wahre Wesen der Essenz erkennen, nicht nach Dingen, die die Essenz nicht beeinflussen kann. Jene, die das wahre Wesen des Schicksals erkennen, streben nicht nach Dingen, die das Schicksal nicht beeinflussen kann. Jene, die den

WEG erkennen, lassen es nicht zu, daß ihre Harmonie durch irgend etwas in der Welt gestört wird.

Wer viel will, gewinnt wenig. Wer hochgesteckte Ziele verfolgt, verfügt über geringes Wissen.

Es gibt Menschen, die das Tao jenseits der vier Meere suchen, ohne es zu finden, und es gibt Menschen, die es in ihrem Körper haben, ohne es zu sehen.

Das Tao kannst du nicht bei anderen finden; du kannst es nur in dir selbst erlangen. Wenn du dich selbst vernachlässigst, um es bei anderen zu suchen, bist du weit entfernt vom Tao.

Paßt du dich den Bedingungen an und vermeidest jede Unmäßigkeit, dann kann dich nichts verführen. Folgst du deiner Natur und bewahrst die Wirklichkeit, dann wird es in dir selbst keinen Wandel geben.

Mit Überlegungen kann man den Lauf der Dinge nicht bezwingen; Handeln kann Tugend nicht bezwingen; Streben kann das Tao nicht bezwingen. Es gibt etwas, das durch Streben nicht verwirklicht werden kann; es gibt etwas, das durch Suchen nicht gefunden werden kann. Menschen mögen in eine Sackgasse geraten, aber das Tao geht durch alles hindurch.
Wetteifere mit dem Tao, und du wirst kein Glück haben.

Wenn das Prinzip des Tao alles durchdringt, stirbt die menschliche List aus. Ein guter Ruf und das Tao sind nicht gleichermaßen ruhmreich: Wenn Menschen in ihren Ruf verliebt sind, dann sind sie nicht auf dem WEG. Wenn das Tao über die Persönlichkeit siegt, dann ist der Ruf in Gefahr.

Die Augen lieben Formen und Farben, die Ohren lieben Stimmen und Töne, der Gaumen liebt Geschmack und Würze: Was sich an Berührungen erfreut, ohne um deren Vorteile und Nachteile zu wissen, ist Gier. Wenn das, was du zu dir nimmst, dem Magen nicht bekommt, wenn das, was du hörst, nicht im Einklang mit dem Tao steht, und wenn das, was du erblickst, der Natur nicht entspricht, kommt es zu einer Schlacht an diesen drei Punkten des Zusammenwirkens: Das, was die tagtägliche Pflichterfüllung benutzt, um Meisterschaft zu erlangen, ist der Geist.

Ist die Essenz der Lebenskraft im Inneren verlorengegangen und orientieren Reden und Tun sich an Äußerlichkeiten, dann kannst du es nicht vermeiden, zum persönlichen Diener der Dinge zu werden.
Sind Menschen in ihrer Sprache prahlerisch und in ihrem Handeln abwegig, dann deshalb, weil ihre Lebenskraft nach Äußerlichkeiten sucht. Ihre Lebenskraft geht zur Neige und erschöpft sich, während ihre Handlungen keine Erfüllung finden. Daher ist ihr Geist von spiritueller Verwirrung umwölkt, und diese Verwirrung erschüttert sie bis in ihre Wurzeln.
Die Prinzipien, nach denen diese Menschen leben, sind unbeständig, und sie lassen sich äußerlich von Vulgärem blenden. Sie treffen Fehlentscheidungen,

während in ihrem Inneren ihre Klarheit getrübt wird. Daher zögern sie ihr ganzes Leben lang und finden nie auch nur für einen Augenblick Frieden.

Wenn innen und außen nicht zusammenpassen, du aber trotzdem eine Verbindung zu den Dingen herstellen willst, dann verdeckst du dein mystisches Licht und suchst Wissen durch deine Augen und Ohren. Damit gibst du die Erleuchtung preis, und der WEG liegt im dunkeln. Das bedeutet, den WEG zu verlieren.

Der Himmel ist ruhig und klar; die Erde ist dauerhaft und friedlich. Wesen, die diese Eigenschaften einbüßen, gehen zugrunde, während jene, die sich diese Eigenschaften aneignen wollen, leben.

Ruhige Weite ist das Haus des spirituellen Lichtes; offene Selbstlosigkeit ist die Behausung des Tao.

Daher gibt es solche, die es im Äußeren suchen und im Inneren verlieren, und es gibt solche, die es im Inneren schützen und es im Äußeren erlangen.

Es ist wie die Wurzeln und Äste. Zieh an der Wurzel, und allen Ästen und Blättern bleibt nichts anderes übrig, als zu folgen.

Das Tao von Himmel und Erde ist unendlich weit, und doch offenbart es seinen Glanz nur in Maßen und spart mit seinem spirituellen Licht. Wie sonst könnten die menschlichen Augen und Ohren ununterbrochen arbeiten, ohne je zu rasten? Wie sonst könnte der Lebensgeist ewig umherjagen, ohne sich je zu erschöpfen?

Sei nicht überrascht, erschrick nicht – alle Dinge werden sich von selbst ordnen. Verursache keine Störung, übe keinen Druck aus – alle Dinge werden sich von selbst klären.

Die menschliche Natur entwickelt sich dank tiefer Gelassenheit und Leichtigkeit; Tugend entwickelt sich dank harmonischer Freude und offener Selbstlosigkeit. Wenn die Äußerlichkeiten innerlich nicht verwirren, dann findet deine Natur zu der Verfassung, die ihr angemessen ist; wenn deine Natur nicht die Harmonie stört, ruht die Tugend an ihrem Platz.

Lebst du in der Welt dein Leben, indem du deine Natur entwickelst und bis ans Ende deiner Tage Tugend übst, dann kann man sagen, du seist fähig, das Tao zu verkörpern. Ist dies der Fall, dann wird es zu keinem Gerinnsel und keiner Stockung in deinen Blutgefäßen kommen, und keine deprimierende, erstickte Energie wird sich in deinen Organen sammeln. Unglück und Glück wird es nicht gelingen, dich zu verstören; Kritik und Lob werden dich nicht berühren können. Daher kannst du das Allerhöchste erreichen.

Läßt du dich durch Bienenstiche stören und von Mückenstichen ablenken, wie glaubst du dann, daß du ruhig und leer sein kannst angesichts der Sorgen, die den menschlichen Geist bedrücken? Diese Sorgen sind bei weitem bedrohlicher als das Gift in einem Bienenstachel und die ärgerlichen Stiche der Mücken.

Menschen wandeln sich endlos, auf alle möglichen Arten und Weisen. Erst bist du erschöpft, dann erholst du dich wieder. Die Freude, die du dabei erfahren kannst, vermagst du nicht im voraus zu berechnen.

Vielleicht träumst du, daß du ein Vogel bist und durch die Lüfte fliegst; vielleicht träumst du, daß du ein Fisch bist und in die tiefsten Tiefen tauchst. Während du träumst, bist du dir nicht bewußt, daß es sich um einen Traum handelt; erst wenn du aufgewacht bist, erkennst du, daß du geträumt hast.

Es wird ein großes Erwachen geben, wonach du feststellen wirst, daß dieses gegenwärtige Leben nichts als ein Traum war. Als wir noch nicht geboren waren, wie konnten wir da um die Freuden des Lebens wissen? Solange wir noch am Leben sind, wie können wir da wissen, daß auch der Tod Freuden bereithält?

Dem WEG ist ein einendes Prinzip eigen. Wenn du die eine Wurzel erlangst, verbindet sie tausend Äste und zehntausend Blätter. Dies befähigt dich dazu, die Ordnung zu fördern, wenn du eine hohe Stellung einnimmst, und die Erniedrigung zu vergessen, wenn du dich in einer niedrigen Stellung befindest; es befähigt dich dazu, die Arbeit zu genießen, wenn du arm bist, und mit Gefahren richtig umzugehen, wenn du in einer Sackgasse steckst.

Wenn der Winter sehr kalt und schneereich ist, dann erkennst du die Stärke immergrüner Pflanzen. Wenn die Lage gefährlich und schwierig ist und Gewinn und Verlust vor dir liegen, dann erkennst du, daß der Weise der ist, der nicht vom WEG abkommt.

Kennt der Geist weder Sorgen noch Freuden, so ist dies die höchste Verwirklichung der Tugend. Bist du erfolgreich, ohne dich zu wandeln, dann hast du die höchste Stille verwirklicht. Bist du unbelastet von gewohnheitsmäßigen Begierden, dann hast du höchste Leerheit verwirklicht. Wenn du weder von Vorlieben noch von Abneigungen bestimmt bist, dann hast du höchsten Gleichmut verwirklicht. Läßt du dich nicht in Angelegenheiten hineinziehen, dann hast du höchste Reinheit verwirklicht.

Wenn du diese fünf Dinge vollbringen kannst, erlangst du spirituelle Erleuchtung, berührst du dein Inneres.

Meisterst du also das Äußere mittels des Inneren, so sind alle Angelegenheiten unverdorben.

Wenn du dies in deinem Inneren verwirklichen kannst, dann kannst du es auch äußerlich entwickeln.

Erlangst du es in deinem Inneren, dann sind deine inneren Organe friedvoll, und deine Gedanken sind ruhig. Deine Muskeln sind stark und deine Augen und Ohren wachsam und klar. Deine Wahrnehmungen und dein Verstehen sind genau; du bist fest und stark, ohne unwirsch zu sein.

Im Kleinen bist du nicht verkrampft, und im Großen bist du nicht nachlässig. Deine Seele ist nicht erregt; dein Geist ist nicht verstört.

Da du gelassen und zurückhaltend bist, bist du der Ausdauerndste auf der Welt. Da du empfindsam und empfänglich bist, kannst du dich bewegen, wenn du unter Druck gerätst, und doch deine unendliche Ruhe und Unergründlichkeit wahren.

Empfinde und reagiere bedächtig, kehre entschlossen zur Wurzel zurück, und du versinkst im Formlosen.

Das sogenannte Formlose ist das Eine. Das sogenannte Eine ist das, was seinesgleichen in der ganzen Welt sucht.

Es tritt allein hervor und weilt unbeugsam in der Einsamkeit. Oben durchdringt es die höchsten Himmel, unten durchdringt es die Tiefen der Erde.

Es ist rund, ohne daß es mit einem Zirkel gezeichnet wäre, es ist eckig, ohne daß ein Richtmaß es vermessen hätte.

Das Große verschmilzt zu Einem; das Nichtige türmt sich auf ohne Wurzel. Es umfaßt Himmel und Erde und ist das Tor zum Tao.

Reine Tugend existiert für sich allein, sie verteilt sich, ohne zu versiegen, sie wird benutzt, ohne daß ihr Gewalt angetan würde.

Wenn du sie also betrachtest, siehst du ihre Form nicht; wenn du hinhorchst, hörst du nicht ihre Töne; wenn du ihr folgst, findest du ihren Körper nicht.

Sie ist formlos, und doch werden in ihr die Formen geboren; sie ist lautlos, und doch entstehen in ihr alle Laute. Sie ist ohne Geschmack, und doch bilden sich in ihr alle Geschmäcker. Sie ist farblos, und doch kommen aus ihr alle Farben. So wird das Sein aus dem Nichtsein geboren; Erfüllung tritt aus der Leere hervor.

Jene, die vorangehen, wissen kaum, worauf sie sich einlassen; jene, die später kommen, finden es leicht, sie anzugreifen. Wenn jene, die vorangehen, sich in die Höhen erheben, dann halten die Nachkommenden sie zurück. Wenn jene, die vorangehen, in die Tiefen hinabsteigen, dann treten die Nachkommenden sie mit den Füßen. Wenn jene, die vorangehen, zusammenbrechen, nützen die Nachkommenden es aus, um Pläne zu schmieden. Wenn jene, die vorangehen, bei ihren Unternehmungen nicht erfolgreich sind, meiden die Nachkommenden sie.

Aus diesem Blickwinkel gesehen sind jene, die vorangehen, die Zielscheibe für die Pfeile jener, die später kommen.

Gelegenheiten sind in ständigem Wandel begriffen. Jene, die zu früh kommen, sind zu weit gegangen, wogegen jene, die zu spät kommen, nicht aufholen können. Während Sonne und Mond ihre Bahnen ziehen, folgt die Zeit nicht den Menschen. Daher schätzen die Weisen riesige Juwelen nicht so sehr wie ein bißchen Zeit. Zeit ist schwer zu finden und leicht zu verlieren.

Vorlieben und Abneigungen sind Maßlosigkeiten des Geistes. Begierden, durch Gewohnheiten geformt, lasten schwer auf der menschlichen Natur.

Traurigkeit, Freude und schlechte Laune lassen Krankheiten sich häufen. Wo es viele Vorlieben und Abneigungen gibt, folgt das Unglück auf dem Fuße.

Als der weise König Yu des Altertums sich in ein Land begab, in dem alle Menschen nackt waren, legte er beim Betreten des Landes seine Kleider ab und zog sie beim Verlassen des Landes wieder an.

Gute Schwimmer ertrinken, gute Reiter stürzen –
beide verkehren das, was sie lieben, in ihr Unglück.

Wer das Tao erlangt, fürchtet weder die Schwierigkeiten noch den Ruhm in seinen Erfolgen.

Das klassische *Buch der Lieder* spricht davon, «den Gesetzen Gottes unbewußt und unwissend zu folgen». Wissen besitzen, ohne Pläne zu schmieden, bedeutet den Weg der Unwissenden gehen; Fähigkeiten besitzen, ohne etwas anzustreben, bedeutet, die Macht der Machtlosen teilen.

Diese Art des Wissens wird nur dann im Handeln erfahren, wenn es auch jemand bekannt macht; was diese Fähigkeiten bewerkstelligen, wird nur dort erfahren, wo jemand sie auch einsetzt.

Verfügst du über Wissen, tust aber so, als hättest du keines, verfügst du über Fähigkeiten, tust aber so, als hättest du keine, so steht dies in Übereinstimmung mit dem Prinzip. So mögen deine Erfolge die Höhepunkte in dem Zeitalter, in dem du lebst, darstellen, ohne daß dies dich selbst verherrlichen würde, und deine Errungenschaften mögen späteren Generationen nützen, ohne daß du für sie berühmt würdest.

Wenn der WEG und die Persönlichkeit im Widerstreit liegen, dann hemmt alles, was die Persönlichkeit in den Vordergrund stellt, den WEG. Wenn die Persönlichkeit im Vordergrund steht, bleibt der WEG unbeschritten, daher ist die Gefahr nicht weit. Wenn also eine Gesellschaft ihre großen Namen hat, dann sind die Tage des Verfalls gekommen.

Menschen, die Berühmtheit erlangen wollen, werden Gutes tun, und Menschen, die sich zum Weltverbesserer berufen fühlen, werden Projekte auf die Beine stellen. Wenn es einmal ein Geschäft geworden ist, lassen sie die Öffentlichkeit fallen und ziehen sich ins Privatleben zurück. Dann mißachten sie die natürlichen Prozesse und rühmen sich ihrer Taten.

Das Umkippen von Nutzen in Schaden, die Verbindung zwischen Heil und Unheil sollte man genau prüfen. Wenn du etwas willst, mag allein dieses Wollen ausreichen, um zu bewirken, daß du es nicht bekommst; wenn du versuchst, etwas zu vermeiden, mag allein dieses Vermeidenwollen ausreichen, daß du damit konfrontiert wirst.

Einmal fuhr ein Mann in einem Boot, das von einer Bö erfaßt wurde. Aus Angst vor den hohen Wellen sprang er ins Wasser. Er tat das nicht etwa, weil er des Lebens überdrüssig gewesen wäre und den Tod nicht fürchtete, sondern vielmehr weil ihn seine Todesangst so sehr verwirrte, daß er sich des Lebens nicht mehr erinnerte.

Genauso verhält es sich mit gewohnheitsmäßigen Begierden. Einmal stahl ein Mann mitten in einer geschäftigen Stadt ein bißchen Gold, und die Polizei fragte ihn, warum er das Gold ausgerechnet mitten auf dem Markt, bei hellem Tag und vor den Augen so vieler Menschen gestohlen habe. Er sagte: «Ich sah nur das Gold, ich sah nicht die Menschen.» Sein Herz war so versessen auf das, was er wollte, daß er vergaß, was er tat.

Weise ergründen die Wandlungen von Bewegung und Ruhe, sie rücken das Ausmaß von Geben und Nehmen ins rechte Lot, sie beschränken Abneigungen und Vorlieben auf ein vernünftiges Maß und bringen Freude und Zorn in ein harmonisches Verhältnis.

Wenn Bewegung und Ruhe ihr rechtes Maß gefunden haben, dann sind keine Schwierigkeiten zu befürchten. Wenn Geben und Nehmen angemessen sind, dann droht keine Schande. Wenn Vorlieben und Abneigungen sich auf ein vernünftiges Maß beschränken, nähert sich keine Angst. Wenn Freude und Zorn maßvoll sind, dringt kein Feind ein.

Daher akzeptieren Menschen, die das Tao verwirklicht haben, keinen unverdienten Gewinn und weisen kein gerechtes Glück von sich. Sie werfen nicht weg, was sie haben, und sie streben nicht nach Dingen, die ihnen nicht gehören. Wenn man immer erfüllt ist, lebt man immer im Überfluß; wenn man immer leer ist, findet man leicht Befriedigung.

Menschen, die Befriedigung im Geben finden, fällt immer auch das Nehmen leicht; Menschen, die Gefallen an Belohnungen finden, sind auch immer voll des Grolls. Nur wer seine Spuren in der Absichtslosigkeit verwischt und der angeborenen Natur von Himmel und Erde folgt, ist fähig, Ordnung zu beherrschen, ohne nach Ruhm zu schielen.

Wenn das Ruhmesstreben übertrieben ist, kann das Tao nicht wirksam sein. Wenn das Tao wirksam ist, kennen die Menschen keine Ränge.

Gibt es also Lob, so kommt mit ihm auch Kritik; wenn Gutes erscheint, folgt Schlechtes. Gewinn ist der Beginn des Verlustes; Glück ist der Vorbote eines Unglücks. Nur jene, die nichts gewinnen wollen, werden keine Verluste hinnehmen müssen, und nur jene, die keine Segnungen suchen, werden kein Unglück erleiden.

Wer das Tao nicht kennt, wird aufgeben, was er bereits hat, um zu suchen, was er noch nicht hat. Er quält und sorgt sich, und das macht ihn selbstsüchtig und verschlagen. Daher freut er sich, wenn er Glück hat, und verspürt Angst, wenn Schwierigkeiten auf ihn zukommen. Sein Geist zermürbt sich im ewigen Planen und Intrigieren; sein Verstand müht sich ab mit seinen Angelegenheiten. Sorgen und Wohltaten mögen sprießen und wachsen, aber solche Menschen werden ihr ganzes Leben ohne Bewußtheit sein und den anderen für das, was sie selbst erschaffen haben, die Schuld geben. Wenn sie nicht glücklich sind, dann sind sie voller Angst und können nie inneren Frieden erleben. Sie beherrschen nicht, was sie in der Hand haben. Das ist die Geburt des Wahnsinns.

Nimm einmal an, daß drei Menschen im selben Haus leben und zwei von ihnen in einen Streit verwickelt sind. Jeder der beiden Streitenden besteht darauf, im Recht zu sein, und keiner hört dem anderen zu. Die dritte Person mag noch so unwissend sein, aber sie kann sicherlich vom Standpunkt des Dritten aus entscheiden, wer der beiden recht hat. Sie vermag dies nicht dank ihrer Weisheit zu entscheiden, sondern einfach, weil sie nicht in den Streit verwickelt ist.

Vermehrst du das, woran du dich nicht auf natürliche Art und Weise erfreuen kannst, und verringerst dadurch die natürlichen Möglichkeiten, Freude zu empfinden, dann magst du so reich sein, als gehörte dir die ganze Welt, und so erhaben sein, als beherrschtest du die ganze Welt, und doch wirst du noch immer bemitleidenswert sein.

Wer erfüllt ist vom Tao, verliert keine Zeit, sondern schenkt sie anderen; wer das Tao nicht erlangt hat, verliert Zeit und stiehlt sie den anderen.

In alten Zeiten erfreuten sich jene der Tugend, die es verstanden, sich selbst zu bewahren; sie vergaßen, daß sie eine niedrige Position innehatten, und daher konnte auch ein guter Ruf ihren Ehrgeiz nicht wecken. Sie erfreuten sich des Tao und vergaßen ihre Armut, daher konnte auch ein Gewinn ihren Ehrgeiz nicht wecken.

Im allgemeinen ist die menschliche Natur so beschaffen, daß sie Ruhe liebt und·Sorgen flieht; sie liebt die Muße und haßt harte Arbeit. Wenn der Geist in jedem Augenblick frei von Begierden ist, kann man diesen Zustand Ruhe nennen; wenn der Körper immer untätig ist, kann man diesen Zustand Muße nennen.

Wenn du deinen Geist in dieser Ruhe frei läßt und deinen Körper in dieser Muße aufgibst, wenn du so das Dekret des Himmels erwartest, wenn du im Inneren spontanes Glück empfindest und äußerlich frei von jeder Hast bist, dann mag dich selbst die Größe von Himmel und Erde nicht verwandeln, und selbst wenn Sonne und Mond sich verfinstern, könnte dies nicht deinen Willen dämpfen. Selbst wenn du ein einfacher Mensch bist, ist es, als wärest du erhaben; und selbst wenn du arm bist, ist es, als wärest du reich.

Erleuchtete Menschen tun Gutes, aber können nicht unbedingt das Glück garantieren; sie halten sich vom Bösen fern, aber sie können nicht unbedingt ein Unheil abwenden. Wenn ihnen Glück beschieden ist, dann ist es nicht etwas, das sie angestrebt hätten, daher ziehen sie keinen Stolz aus dem, was sie geleistet haben. Wenn ein Unglück über sie kommt, so ist es nicht etwas, das sie erschaffen hätten, daher bedauern sie auch ihr Handeln nicht.

Wenn der Geist den Körper kontrolliert, gehorcht der Körper, wenn der Körper den Geist beherrscht, ist der Geist erschöpft. Obwohl Intelligenz nützlich ist, muß sie in den Geist zurückgeführt werden. Dies nennt man große Harmonie.

Zorn kommt aus dem Nicht-Zorn, Tun kommt aus dem Nicht-Tun. Schaust du, wenn keine Form da ist, dann wirst du finden, was zu sehen ist. Hörst du hin, wenn keine Stimme da ist, dann wirst du finden, was zu hören ist.

Der beste Geschmack stumpft den Gaumen nicht ab; die beste Rede ist frei von Schnörkeln; das beste Vergnügen ist nicht komisch; die beste Musik ist nicht laut. Der Zimmermannsmeister erledigt nicht selbst das Schneiden; der beste Koch setzt nicht selbst den

Wasserkessel auf; der meisterliche Krieger kämpft nicht. Erlange den WEG, und Tugend stellt sich sogleich ein.

Hältst du Äußerlichkeiten für wichtig, so wirst du innerlich daran ersticken. Menschen, die Jagd auf Wild machen, sehen die Berge nicht. Sind deine Wünsche nach außen gerichtet, so ist dein Licht verdunkelt.

Wer sich selbst kennt, den kann nichts verführen. Wer Leben und Tod versteht, den kann keine Gefahr einschüchtern.

Was einen Schatten sich krümmen läßt, ist die Form, die den Schatten wirft; was ein Echo unrein macht, ist die Stimme, die das Echo zurückwirft. Bei Menschen, deren Gefühle nach außen strömen, ist es leicht, ihr Inneres zu erraten.

Klare Stille und heitere Glückseligkeit sind die wahre menschliche Natur. Beispiele und Richtlinien regeln die Geschäfte. Wenn du die menschliche Natur kennst, geht deine Selbst-Entwicklung nicht in die falsche Richtung. Wenn du verstehst, wie Angelegenheiten geregelt werden, sind deine Handlungen nicht verwirrt.

Du entdeckst den *einen* Punkt und dehnst ihn ins Unendliche aus, du faßt das ganze Universum in *eine* Ganzheit – das heißt Bewußtheit. Du erkennst den

Zweig, sobald du die Wurzel siehst, du machst das Ziel aus, sobald du den Finger siehst, der darauf zeigt, du wahrst die Einheit und reagierst so auf die Vielheit, du erfaßt das Wesentliche und lenkst so das Besondere – das ist Kunst. Du lebst gemäß dem, was Weisheit bedeutet, du gehst dorthin, wohin die Weisheit geht, du arbeitest für das, wofür die Weisheit eintritt, und handelst gemäß dem, woraus Weisheit entspringt – das heißt es, den WEG zu gehen.

Sobald die Worte deinen Mund verlassen haben, kannst du ihre Wirkung in anderen Menschen nicht mehr aufhalten. Handlungen, die in der Nähe gesetzt wurden, können nicht in der Ferne verhindert werden.

Geschieht ein Unglück, dann haben die Menschen es selbst gefördert; tritt ein Glücksfall ein, so vervollkommnen die Menschen ihn in sich selbst. Unglück und Glück treten durch dasselbe Tor ein; Hilfe und Schmerz sind Nachbarn. Niemand außer geistig erwachten Menschen vermag sie zu unterscheiden.

Willst du nicht mehr lernen, der Natur zu folgen, so ist das, als würdest du das Boot verlassen, um über das Wasser zu gehen. Wurde ein kostbares Schwert gerade erst aus der Gußform genommen, kann es nichts durchschneiden oder durchbohren, denn es ist noch nicht geschärft. Wurde ein eleganter Spiegel gerade erst aus der Form genommen, kann er nichts klar widerspiegeln, denn er ist noch nicht poliert. Lernen ist ein Weg, Menschen zu schärfen und zu polieren. Wer meint, Lernen sei sinnlos, irrt sich.

Wenn Menschen in entlegenen Gegenden geboren werden, ohne Eltern oder Geschwister in ärmlichen Verhältnissen aufwachsen und deshalb nie die Gelegenheit haben, gutes Benehmen nachzuahmen und von den Vorfahren zu hören, wenn sie ein Leben in unentrinnbarer Einsamkeit verbringen, dann werden nur wenige von ihnen über gewisse Kenntnisse verfügen, auch wenn sie von Natur aus nicht dumm sind.

Unter den Bewohnern einer Region, deren Boden unfruchtbar ist, finden sich viele Menschen mit gutem Herzen, und zwar deshalb, weil ihr Leben hart ist. In Gegenden, deren Boden fruchtbar ist, finden sich viele Menschen, die zu nichts taugen, und zwar deshalb, weil ihr Leben leicht ist.

Eine für alle Menschen gültige Philosophie besagt, daß die Achtsamkeit verfeinert und der Wille mächtig sein muß; das Wissen muß rund und das Handeln eckig sein; Fähigkeiten müssen zahlreich, aber die Sorgen dürfen nur wenige an der Zahl sein. Die Achtsamkeit verfeinern bedeutet, Probleme in Betracht zu ziehen, bevor sie entstehen, und sich gegen ein Unglück zu wappnen, bevor es eintritt. Es bedeutet, sich vor Fehlern in acht zu nehmen, sich vor dem Subtilen zu hüten und es nicht zu wagen, in Wünschen zu schwelgen.
Über einen mächtigen Willen verfügen bedeutet, alle Länder einzubeziehen, die verschiedenen Sitten und Gebräuche zu vereinheitlichen und alle Menschen einzuschließen, als wären sie eine einzige Familie. Es bedeutet, alle Meinungen zu vereinen und ihr Angelpunkt zu sein.

Rundheit des Wissens bedeutet zu handeln, als gäbe es weder Beginn noch Ende, und alle Ecken zu erreichen, wie der tiefe Brunnen, der nie zur Neige geht. Es heißt, auf alle Dinge zu reagieren, wie sie in Übereinstimmung miteinander entstehen. Im Handeln eckig sein bedeutet, aufrecht dazustehen, ohne dabei widerspenstig zu werden, es heißt, schlicht, rein und ungekünstelt zu sein. Es bedeutet, sich nicht aus Verlegenheit zu emotionalen Ausbrüchen hinreißen zu lassen und im Falle eines Erfolges nicht seinen Launen nachzugeben.

Über zahlreiche Fähigkeiten verfügen bedeutet, sowohl in den kriegerischen als auch in den sanften Künsten bewandert zu sein und im Handeln und im Ruhen gute Manieren an den Tag zu legen. Es bedeutet, je nach den Erfordernissen zur Tat zu schreiten oder Zurückhaltung zu üben und sich von nichts abzuwenden, sondern herauszufinden, was das letztlich Richtige in jeder Situation ist.

Wenige Sorgen haben bedeutet, Fähigkeiten zu beherrschen und in Kontakt mit ihnen zu bleiben, das Vielfältige zu handhaben, indem man zum Kern der Dinge vorstößt, das Umfassende zu lenken, indem man das Gemeinsame erfaßt; es bedeutet, übermäßiger Aktivität damit zu begegnen, daß man Ruhe bewahrt, und am Angelpunkt zu arbeiten, indem man das Eine benutzt, um die Vielzahl zu einen, als würde man die Teile eines Talismans zusammenfügen.

Wessen Achtsamkeit also verfeinert ist, der reguliert das Subtile; wessen Wille mächtig ist, der schließt alle mit ein. Wessen Wissen rund ist, der weiß alles; wessen Handeln eckig ist, der übt sich bei gewissen Dingen in Zurückhaltung. Wessen Fähigkeiten zahlreich sind, der bringt alles zuwege; wer nur wenige Sorgen hat, der reduziert das, woran er festhält, auf ein Minimum.

Weißt du über alle Dinge Bescheid, kennst aber nicht den Lauf des menschlichen Geschicks, dann kann man dich nicht weise nennen. Liebst du alle Wesen, aber nicht die menschliche Natur, dann kann man dich nicht gütig nennen. Der Gütige liebt seine Art; den Weisen vermag nichts zu verwirren.

Der Weise beginnt im Widerstand und endet in der Harmonie. Narren beginnen in der Freude und enden in Traurigkeit.

Wenn Menschen denken, dann glauben sie im allgemeinen, im Recht zu sein; aber wenn sie ihre Gedanken in die Tat umsetzen, mag sich herausstellen, daß das, was sie für richtig gehalten haben, falsch ist. Darin unterscheiden sich Torheit und Weisheit.

Das Tao, wie es im Altertum praktiziert wurde, ließ alle Dinge entstehen, ohne besitzergreifend zu sein, und entwickelte die Formen, ohne beherrschend zu sein. Alle Wesen hingen in ihrem Leben von ihm ab und waren doch dieser Tugend nicht gewahr. Sie starben durch es, und hegten doch keinen Groll. Jene, die es erlangten und davon profitierten, konnten es nicht loben; jene, die es benutzten und verwirkten, konnten es nicht leugnen.

Ruhig zu sein, dies ist die himmlische Natur des Menschen; zu handeln, wenn man bewegt ist, das ist die Fähigkeit dieser Natur. Reagiert der Geist auf Dinge, die auftauchen, dann ist dies das Handeln der Wahrnehmung. Wenn Wahrnehmung und Objekte in Kontakt kommen, entstehen Vorlieben und Abneigungen.

Wenn Vorlieben und Abneigungen feste Formen annehmen und die Wahrnehmung vom Äußeren verführt wird und nicht zu sich selbst zurückzukehren vermag, dann ist das himmlische Muster verwischt.

Daher ersetzen jene, die das Tao erlangen, das Himmlische nicht durch das Menschliche. Äußerlich wandeln sie sich in Einklang mit den Dingen, aber innerlich büßen sie nie ihren wahren Zustand ein.

Über die Weisheit

Weise handeln nicht aus einer Absicht heraus,
daher mißlingt ihnen nichts.
Sie hängen an nichts,
daher verlieren sie nichts.

Laozi, *Daodejing*

Wahre Menschen sind Menschen, deren Natur eins ist mit dem Tao. Daher existieren sie, scheinen aber nicht zu existieren; sie sind erfüllt, scheinen aber leer zu sein. Sie verweilen im Einssein und wissen um nichts anderes; sie lenken sich selbst von innen und schenken Äußerlichkeiten keine Beachtung.

In ihrer vollkommenen Klarheit und Schlichtheit kehren sie absichtslos in die Einfachheit zurück. Da sie das Grundlegende verstehen und den Geist in sich begreifen, ergehen sie sich am Rand von Himmel und Erde. Jenseits des weltlichen Gewirrs durchwandern sie die Weite und wirken in Freiheit, ohne viel Aufheben davon zu machen.

Wahre Menschen wissen, ohne zu lernen, sie sehen, ohne zu schauen, vollenden, ohne zu streben, und verstehen, ohne zu versuchen. Sie fühlen und reagieren, sie handeln, wenn es nötig ist, und gehen, wenn ihnen keine andere Wahl bleibt, wie das Scheinen des Lichtes, wie die Emanation der Strahlen.

Die harmonische Freude und friedliche Ruhe der alten Weisen waren ihre Natur, während ihre entschlossene Verwirklichung der Praxis des Tao ihre Lebensart war.

So kommt es, daß die Natur nur im Leben wirken kann, während das Leben nur klar sein kann, wenn die Natur verwirklicht ist.

Weise antworten auf Sein mit Nichtsein und ergründen unfehlbar das innere Muster. Sie erlangen Fülle durch Leere und ergründen unfehlbar das Maß. Sie leben ihr Leben in ruhiger Freude und leerer Ruhe. Daher halten sie sich nicht zu fern von den Dingen und kommen ihnen auch nicht zu nahe.

Der Geist ist der Herrscher über den Körper, während der Lebensgeist der Schatz des Geistes ist. Wenn der Körper belastet wird, ohne Ruhe finden zu können, bricht er zusammen. Wenn der Lebensgeist ununterbrochen benutzt wird, erschöpft er sich. Weise schätzen und respektieren sie und wagen es nicht, maßlos zu sein.

Leben vollkommene Menschen in einer ungeordneten Gesellschaft, dann halten viele ihre Tugend, ihren Weg und ihre unerschöpfliche Weisheit verborgen und sterben schließlich, ohne irgend etwas weiterzugeben. Die Welt weiß ihr Schweigen nicht zu schätzen.

Nimmt alles seinen natürlichen Lauf, was bleibt einem Weisen dann noch zu tun?

Was Weise lernen, ist nichts anderes, als ihre Natur wieder an den Beginn zurückzuführen und ihren Geist frei in der offenen Weite wandern zu lassen. Was vollendete Menschen lernen, ist nichts anderes, als ihre Natur mit der weiten Leere zu verbinden und des lautlosen Unendlichen gewahr zu werden.

Das Lernen, wie es gewöhnliche Weltmenschen verstehen, ist anderer Art. Sie greifen nach der Tugend und engen ihre Natur ein, sie sorgen sich innerlich um ihre Organe, während sie außen ihre Augen und Ohren mißhandeln.

Weise senden ihren Lebensgeist in den Sitz des Gewahrseins und kehren zum Anfang der Zehntausend Dinge zurück. Sie schauen das Formlose und vernehmen das Lautlose. Inmitten tiefster Dunkelheit sehen allein sie das Licht; inmitten stiller Weite sind allein sie erleuchtet.

Weise benutzen den Geist wohlerwogen, sie gehen von seiner Essenz aus. Mit Unterstützung des Lebensgeistes beenden sie, was sie begonnen haben. Daher ist ihr Schlaf traumlos, und ihr Erwachen ist sorgenfrei.

Segnungen erwachsen aus dem Nichtstreben; Sorgen erwachsen aus dem Verlangen. Schaden erwächst aus mangelhafter Vorbereitung; Schmutz erwächst aus ungenügender Reinigung.

Weise tun Gutes, als fürchteten sie, es gäbe nicht genug davon, und wappnen sich gegen ein Unglück, als fürchteten sie, sie könnten es nicht abwenden.

Auch wenn du dich davor schützen möchtest, in einer Staubwolke geblendet zu werden, oder davor, naß zu werden, wenn du einen Fluß durchwatest – du wirst entdecken, daß es dir nicht gelingt.

Daher zürnen all jene, die sich selbst kennen, anderen Menschen nicht; jene, die ihr Schicksal kennen, zürnen dem Himmel nicht.

Wer unbeständig in seinen Worten und in seinen Handlungen nicht konsequent ist, ist ein minderer Mensch.

Wer ein Ding erfaßt und eine Kunst versteht, ist ein mittelmäßiger Mensch.

Wer eine umfassende Sicht und ein breites Verständnis der Dinge hat und seine Fähigkeiten richtig einschätzt und klug benützt, ist ein Weiser.

Weise verfügen in ihrem Inneren über die Mittel, in Kontakt mit einem höheren Potential zu treten; sie verlieren ihre Selbstbeherrschung nicht um einer hohen oder einen niederen Stellung willen, um Armut oder Reichtum, um Mühsal oder Muße willen.

Weise überwinden den Geist, gewöhnliche Menschen überwinden den Geiz. Vollendete Menschen handeln vernünftig, mindere Menschen handeln unvernünftig. Vernunft bedeutet, im Inneren in Einklang mit der Natur zu stehen, im Äußeren mit seinen Pflichten übereinzustimmen, einsichtig zu handeln und frei von Verstrickungen zu sein. Unvernunft bedeutet, abhängig von Sinnlichkeit und Impulsivität zu sein, ohne sich um die sich daraus ergebenden Schwierigkeiten zu kümmern.

Vernunft und Unvernunft verletzen einander; Geiz und Natur fügen einander Schaden zu. Sie können nicht gemeinsam existieren; wenn das eine die Überhand gewinnt, dann verfällt das andere. Daher mindern die Weisen ihre Begierden und folgen der Natur.

Weise lassen sich nicht von Namen beherrschen, sie werden nicht von Plänen gelenkt, sie lassen sich nicht von Dingen belasten und vom Intellekt bestimmen. Sie sind in der Formlosigkeit verborgen; ihre Handlungen hinterlassen keine Spuren, und ihr Umherstreifen bleibt unerkannt. Sie bringen kein Glück und verursachen kein Unheil; sie bewahren sich ihre offene Selbstlosigkeit und handeln, wenn ein Handeln unumgänglich ist.

Weise können negativ oder positiv sein, schwach oder stark. Sie handeln oder verharren in Stille, je nach den Erfordernissen der Zeit. All ihre Mittel ausschöpfend, vollenden sie ihre Taten. Wenn Menschen handeln, wissen Weise, welche Nachwirkungen dieses Handeln zeitigen wird; am Anfang eines Ereignisses erkennen Weise, wie es sich entwickeln wird.

Übt man die Kunst des WEGES, dann ist es nicht möglich, nach Ruhm zu streben, indem man sich auf Fürsprache seitens anderer verläßt, aber es ist möglich, sein Selbst in der Abgeschiedenheit zu entfalten. Dann ist es zwar nicht möglich, sich Vorteile zu verschaffen, aber man kann sich vor Schaden bewahren.

Daher versuchen Weise nicht, durch ihre Handlungen zu Ruhm zu gelangen, und sie wollen kein Lob für ihre Weisheit. Sie gleichen sich der Natur selbst an, und so bleibt ihr Ego unbeteiligt.

Weise tun Dinge, während diese erst im Entstehen sind, und können dadurch das Große umkehren. Sie nehmen Dinge in der Nähe wahr und entwickeln dadurch Achtsamkeit für Dinge in der Ferne.

Weise schämen sich nicht dafür, daß sie eine niedere Stellung in der Gesellschaft innehaben, aber sie schämen sich, wenn sie den WEG nicht in die Praxis umsetzen. Es bereitet ihnen keine Sorgen, daß ihr eigenes Leben kurz ist, aber es bereitet ihnen Sorgen, daß die Menschen um sie herum von Kummer geplagt sind.

Wenn es so offensichtlich ist, daß Weise sich so sehr um das Wohl der Menschen sorgen, ist es dann nicht ein Widerspruch zu behaupten, sie würden nicht handeln?

Weise sind nicht beunruhigt oder abweisend: sie begrüßen nicht, was kommt, und sie verabschieden nicht, was geht. Menschen mögen aus dem Osten, Westen, Süden oder Norden stammen, aber Weise stehen allein in der Mitte. Daher können sie mitten in einer entarteten Gesellschaft leben, ohne ihre Aufrichtigkeit zu verlieren.

Die ganze Welt steht unter dem Einfluß äußerer Kräfte, während die Weisen ihren geheiligten Grund nicht verlassen. Daher sehnen sie sich nicht nach Anerkennung und gehen Verachtung nicht aus dem Weg, sondern folgen dem WEG des Himmels. Sie tun nicht den ersten Schritt und kreisen nicht um sich selbst, sondern stehen in Einklang mit dem Prinzip des Himmels. Sie planen nicht im voraus, und doch lassen sie keine Gelegenheit aus, sondern schließen sich dem Himmel an. Sie suchen keine Vorteile, und doch weisen sie kein Glück von sich, sondern folgen dem Beispiel des Himmels.

Am Uranfang wurden die Menschen aus dem Nichtsein geboren und aus dem Sein geformt. Sobald sie
eine Form angenommen hatten, standen sie unter dem
Zwang der Dinge. Wenn es ihnen gelingt, dorthin zurückzukehren, wo sie geboren wurden, und diese
Formlosigkeit wiederzuerlangen, dann nennt man sie
Wahre Menschen. Wahre Menschen sind nie von der
großen Einheit getrennt.

Weise verbergen ihr Inneres und sind nie die auslö-
sende Kraft für das Handeln anderer Menschen. Wenn
Dinge auf sie zukommen, dann wissen sie damit umzugehen; wenn Menschen auf sie zukommen, dann
antworten sie.

Weise kleiden und verhalten sich nicht auffällig. Sie
tragen Gewänder, denen niemand Beachtung schenkt,
sie tun, was keine Aufmerksamkeit erregt, und sagen,
was niemand bestreitet. In Zeiten der Sorglosigkeit
sind sie nicht verschwenderisch; in Zeiten der Not plagen sie keine Ängste. Sie protzen nicht, wenn sie erfolgreich sind, und verspüren keine Verzweiflung,
wenn sie in der Zurückgezogenheit leben. Sie sind anders, ohne seltsam zu wirken; sie erscheinen normal,
aber niemand vermag sie zu benennen. Dies nennt
man große Meisterschaft.

Weise tun es dem Himmel gleich und passen sich seinen Verhältnissen an. Sie sind konventionellen Sitten
nicht verhaftet und stehen nicht unter dem Einfluß
anderer Menschen.

Die Praxis der Weisen besteht weder darin, sich jedermann anzuschließen, noch darin, sich von jedermann abzukapseln.

Weise haben keine Gedanken, die sie loslassen müßten, daher ist ihr Geist nicht entstellt. Es gibt keine Schönheit, die sie erstreben, daher geht ihnen Schönheit auch nicht verloren. So erwarten sie nicht, durch ihre religiösen oder sozialen Aktivitäten Segnungen oder Belohnungen zu erhalten; ihr Ziel liegt einzig und allein darin, Dankbarkeit und Respekt zu entwickeln. Nur jene, die nichts anstreben, können dies verwirklichen.

Es mag unmöglich sein, gewisse Ereignisse im voraus zu planen, und es mag unmöglich sein, gewisse Dinge im voraus zu erwägen. Sie tauchen plötzlich auf, ohne Warnung, daher lassen die Weisen den Weg sich entfalten und warten auf den rechten Zeitpunkt.

Wenn Weise Gutes tun, dann dient es ihnen nicht als Mittel, um Ehre zu erheischen, und doch folgt daraus Ehre; sie tun es nicht in der Hoffnung auf Gewinn, und doch erzielen sie Ergebnisse.

Die Anfänge von Glück und Unglück sind subtil, daher beachtet sie niemand. Nur die Weisen sehen den Anfang und kennen das Ende.

Weise verbergen ihre guten Taten und lassen ihre Güte namenlos sein.

Weise wirken an verschiedenen Aufgaben, die sich zwar im Konkreten unterscheiden, denen aber das gleiche Prinzip und die gleiche Logik zugrunde liegen. Sie schlagen verschiedene Wege ein, die alle zum selben Ziel führen. In all den Wechselfällen ihres Lebens sind sie wie von einem Willen getragen, nie vergessen sie den Wunsch, anderen Menschen von Nutzen zu sein.

Weise benutzen nicht andere Menschen, um ihre persönlichen Ziele zu verwirklichen; sie erlauben es ihren Wünschen nicht, die Harmonie zu stören. Wenn sie glücklich sind, dann freuen sie sich nicht zu sehr dieses Glücks, und wenn sie traurig sind, verweilen sie nicht allzu lang bei ihrem Kummer.

Wollen Menschen vorwärtskommen, dann um ihrer selbst willen – welchen Vorteil bringt dies anderen? Lassen Weise Gerechtigkeit walten, dann entspringt ihre Sorge ihrem Inneren – welcher persönliche Vorteil ist für sie damit verbunden?

Wenn Weise den Wert eines Menschen betrachten wollen, müssen sie nichts anderes tun, als eine einzige Aktivität dieses Menschen zu beobachten. So können sie den Würdigen und den Unwürdigen unterscheiden.

Weise begehen keine Handlungen, die auf Ablehnung stoßen könnten, aber sie nehmen es niemandem übel, wenn er sie ablehnt. Sie kultivieren ihre Tugend, die des Lobes würdig wäre, aber sie erwarten kein Lob. Sie können es nicht verhindern, daß ein Unglück eintritt, aber sie vertrauen darauf, daß nicht sie es sind, die es herbeiwinken. Sie können nicht sicherstellen, daß sich Glück einstellen wird, aber sie vertrauen darauf, daß nicht sie es sind, die es fernhalten werden. Wenn ein Unglück eintritt, dann ist es nicht so, daß sie das, wodurch es entsteht, gesucht hätten; daher plagen sie selbst in Extremsituationen keine Sorgen. Wenn ein Glücksfall eintritt, dann ist es nicht so, daß sie das, was ihn bewirkt hat, gesucht hätten; daher empfinden sie keinen Stolz, selbst wenn sie erfolgreich sind. Sie wissen, wie sie das Unglück beherrschen können, und das Glück hängt nicht von ihnen ab; daher leben sie unbeschwert und lenken, ohne einzugreifen.

Weise bewahren, was sie bereits besitzen, und streben nicht nach Dingen, die sie nicht schon erlangt hätten.

Wenn du suchst, was du nicht hast, dann wirst du verlieren, was du schon hast. Wenn du pflegst, was du schon besitzt, dann wird sich auch das einstellen, was du anstrebst.

Daher mußt du bei militärischen Unternehmungen zuerst unbesiegbar werden und dann abwarten, daß sich der Gegner verletzbar zeigt. Beim Regieren mußt du zuerst Sicherheit erlangen und dann abwarten, daß sich Unsicherheit beim Gegner zeigt.

Weise kultivieren in ihrem Inneren das Grundlegende und schmücken sich äußerlich nicht mit Unwesentlichem. Sie wahren ihren Lebensgeist, indem sie ihre

Schläue begraben. Sie sind frei und tun nichts, und doch gibt es nichts, was sie nicht täten. Sie sind zurückhaltend und steuern nichts, und doch gibt es nichts, was sie nicht steuerten.

Daß sie nichts tun bedeutet, daß sie nicht vor anderen handeln; daß es nichts gibt, was sie nicht täten, bedeutet, daß sie sich nach dem richten, was andere tun. Daß sie nichts steuern bedeutet, daß sie nicht verändern, was auf natürliche Weise geschieht; daß es nichts gibt, was sie nicht steuerten, bedeutet, daß sie sich an das halten, was für andere angemessen ist.

Alle Dinge zeitigen gewisse Ergebnisse, aber nur Weise wissen, wie man die Wurzel wahrt; alle Dinge haben ihre Auswirkungen, aber nur Weise wissen, wie man das Tor bewacht. Daher ergründen sie das Unergründliche und erreichen das Ende des Endlosen. Sie bemerken Dinge, ohne verblendet zu sein; sie antworten wie das Echo, ohne je zu ermüden. Dies wird himmlisches Verstehen genannt.

Daher sind jene, die das Tao erlangen, schwach in ihren Absichten, aber stark in ihren Taten; ihre Herzen sind offen und ihre Reaktionen angemessen.

Weise brauchen keine Autorität, um vornehm zu sein, sie brauchen keine Reichtümer, um reich zu sein, sie brauchen keine Macht, um stark zu sein. Sie sind friedvoll und weilen in der Leere, ohne äußeren Einflüssen zu unterliegen; sie schwingen sich auf in Freiheit, in Einklang mit der Evolution.

Sie verbergen Gold in den Bergen; sie verstecken Perlen in den Tiefen des Meeres. Sie sehen keinen Gewinn in materiellem Besitz; sie liebäugeln weder mit Macht noch mit Ruhm.

Sie finden keinen Gefallen an müßigem Verhalten;

sie sind nicht bekümmert, wenn sie sich in einer mißlichen Lage befinden. Sie finden keinen Trost in einer hohen gesellschaftlichen Stellung; sie fühlen sich nicht bedroht durch eine niedrige gesellschaftliche Stellung. Ihr Körper und Geist, ihre Energie und ihr Wille ruhen alle an dem ihnen angemessenen Ort.

Der Körper ist die Behausung des Lebens; die Energie ist die Grundlage des Lebens; der Geist ist der Regler des Lebens. Wenn eines seinen Platz verliert, leiden die beiden anderen.

Weise lehren die Menschen, Körper, Geist und Energie an ihrem Platz zu bewahren, so daß sie ihre Funktionen erfüllen können, ohne sich gegenseitig zu behindern.

Der Körper wird zugrunde gerichtet, wenn er in einer ihm unangenehmen Lage verharrt. Die Energie wird aufgezehrt, wenn sie in einer Art und Weise benützt wird, die nicht der Erfüllung dienlich ist. Der Geist stumpft ab, wenn er in einer ihm unangemessenen Art und Weise gebraucht wird. Es ist unumgänglich, vor diesen drei Dingen auf der Hut zu sein.

Der Grund dafür, daß man im Sommer keine Lederbekleidung trägt, liegt nicht darin, daß man den Mantel schonen will, sondern darin, daß es zu heiß ist. Der Grund dafür, daß man im Winter keinen Fächer benutzt, liegt nicht darin, daß man Fächer nicht mag, sondern darin, daß es zu kalt ist.

Weise essen je nach dem Fassungsvermögens ihres Magens und kleiden sich je nach dem Umfang ihres Körpers; sie passen sich den Bedürfnissen an, nichts weiter – wie könnte also ein von Gier befleckter Geist in ihnen aufsteigen?

Wer fähig ist, die Welt zu führen, ist demnach jemand, der nicht den Ehrgeiz hegt, die Welt benutzen zu wollen.

Wer fähig ist, seiner Berühmtheit Dauer zu verleihen, ist jemand, der in seinem Streben nach Ruhm nichts Maßloses unternimmt.

Verstehst du die menschliche Natur und das menschliche Schicksal wahrhaft, dann bringt dies von selbst Güte und Gerechtigkeit mit sich. Höhen und Tiefen können deinen Geist nicht verwirren.

Wenn nichts den Geist verdeckt und nichts das Herz belastet, dann bist du von durchdringender Klarheit und umfassender Wirkkraft. Du bist heiter und sorgenfrei, auf nichts fixiert, du trittst allem gelassen entgegen, und Sinnlichkeit vermag dich nicht zu verderben.

Leere Phrasen können dich nicht beeindrucken; Schönheit vermag dich nicht zu beeinflussen. Intellektuelle können dich nicht bewegen; Machtmenschen können dich nicht erschrecken. Dies ist die Freiheit des Tao des Wahren Menschen.